JN311305

だいわ文庫

心にジーンと響く
108の名言

竹内政明

大和書房

言葉の工具箱　～まえがきに代えて～

フランク・シナトラ（１９１５～１９９８）が歌と映画で大スターにのし上がっていくとき、母親は傲《おご》りを戒めたという。

はしごを登っていくときも人さまに親切にするようにといつもいい聞かせてました。はしごを降りなくちゃならないとき、同じ人に会うんだからね。

（キティ・ケリー『ヒズ・ウェイ』柴田京子訳、文藝春秋）

使い古された〈実るほど　頭《こうべ》を垂れる　稲穂かな〉と、シナトラママの「はしご」と、どちらが胸に響くだろう。

歌人の枡野浩一さん（１９６８～）に一首がある。

無駄だろう？　意味ないだろう？　馬鹿だろう？　今さらだろう？　でもやるんだよ！

（枡野浩一『てのりくじら』実業之日本社）

手あかのついた〈人事を尽くして天命を待つ〉と、この歌と、どちらが体内のアドレナリンを増量させてくれるだろう。

画家の安野光雅さん（1926～）は若いころ、バス停で朝鮮人のおばあさんと一緒になった。おばあさんはつぶやいたという。

ヒトリダマリノミチナガイ。フタリハナシノミチミジカイ。

（安野光雅『絵のある自伝』文藝春秋）

ありきたりの〈旅は道連れ世は情け〉と、おばあさんのつぶやきと、心はどちらに揺さぶられるだろう。

ノミやノコギリと同じように「言葉」にも、よく切れる道具と、なまくらの道具がある。煩悩の数と同じ108種の、丹念に研《と》がれた言葉を拾ってみた。一つでも、二つでも、迷い傷つき疲れた心の修理に役立てていただけたらうれしい。

CONTENTS

言葉の工具箱　～まえがきに代えて～　3

1章 いつもそばに人生の名言を

1 「最悪」を次に活かす　長嶋茂雄［元プロ野球監督］　16
2 「まだ始まっていない」　北野 武［映画監督］　18
3 生きることを焦らない　山口 瞳［作家］　20
4 欠点もまた天の恵み　塚本邦雄［歌人］　22
5 何度でも立ち上がる強さ　井沢 満［脚本家］　24
6 辛抱が実を結ぶとき　壺井 栄［作家］　26
7 休む勇気を持つ　関沢新一［脚本家］　28
8 群れる功罪　竹中 労［ルポライター］　30
9 薬にも毒にもならない人間になるな　河井継之助［長岡藩家老］　32
10 敗北の言い訳を用意しない　中桐雅夫［詩人］　34
11 天才だってスランプはある　第一生命サラリーマン川柳より　36

2章 ⚜ どんなにつらくても笑える日は来る

12 成功に遅すぎたということはない　森 光子［女優］……40
13 やってみて初めてわかる　宮部みゆき［作家］……42
14 開き直りも知恵の内　俗謡より……44
15 陽光の力を借りる「がばい」知恵　おさのばあちゃん［島田洋七の祖母］……46
16 雌伏のときに耐える心得　浜口雄幸［総理大臣］……48
17 宿命を嘆かない強さを持て　玉ノ海梅吉［相撲解説者］……50
18 単純作業のなかに真理がある　石川九楊［書家］……52
19 敗者に温められた記憶　島田修二［歌人］……54
20 天才の苦痛　シャーロック・ホームズ［探偵］……56
21 過ちが去って「過去」と書く　吉野 弘［詩人］……58

3章 人づきあいに悩まない知恵

22 人間関係は祭りと修業の繰り返し　小林ハル［瞽女］……62
23 結ぶよりほぐすほうがむずかしい　吉野 弘［詩人］……64
24 敵は減らない、味方を減らすな　池島信平［編集者］……66
25 「いい人」とは「いてもいなくてもいい人」　芥川龍之介［作家］……68
26 悪口を言われたときに……　倉本 聰［脚本家］……70
27 惨めな目に遭ったときの対処法　向田邦子［脚本家］……72
28 可愛げを最高の武器とせよ　谷沢永一［文芸評論家］……74
29 狡猾な弱者が一番怖い　石原吉郎［詩人］……76
30 無心の自分を誇れ　外山滋比古［英文学者］……78
31 「ドーデモイイ」という解答もある　寺田寅彦［物理学者］……80
32 理想的な酒の飲み方　高橋和巳［作家］……82

4章 愛に生きられる喜びを

33 恋心はなぜ痛い？ 工藤直子［童話作家］ 86
34 愛は最高と最悪の往復 パトリシア・コーンウェル［作家］ 88
35 仕事を恋のブレーキに 芥川龍之介［作家］ 90
36 愛と憎しみは同じもの？ 伊藤 整［作家］ 92
37 結婚の残酷さ 江國香織［作家］ 94
38 結婚後の失恋 亀井勝一郎［文芸評論家］ 96
39 片想いこそ極上の恋 『葉隠』より 98
40 世をはばかる花のように…… 俗謡より 100
41 夫婦喧嘩の秘訣 夏目漱石［作家］ 102
42 女が残酷になれるとき サマセット・モーム［作家］ 104
43 極楽に異性がいない理由 泉 鏡花［作家］ 106

5章❦家族がいれば大丈夫

44 金メダルは5番目の喜び　伊藤智也［パラリンピック選手］ 110
45 妻へ感謝を告げる方法　ウィンストン・チャーチル［英国首相］ 112
46 子育ての本質　ジェフリー・ディーヴァー［作家］ 114
47 女房はつらいよ　漢詩「嬶嬶述懐」より 116
48 かくも深い親心　NTTお祝い電報の広告より 118
49 カッコイイおとうちゃん　小沢たかゆき［小学生］ 120
50 子供のおきて　石井桃子［児童文学者］ 122
51 親孝行は5歳まで　岩崎老人［受刑者］ 124
52 子供が行き着く果て　『岩波ことわざ辞典』より 126
53 亡き子を思う　麻生路郎［川柳作家］ 128
54 最期の3日は家族とともに　下元政代［書塾経営］ 130

6章 仕事の本質をつかんだ言葉たち

55 練習の心得、本番の心得 舞台人の口伝より 134
56 どれほどの覚悟を持てるか 渡辺和博［編集者］ 136
57 昇進の法則 ジェフリー・ディーヴァー［作家］ 138
58 巨匠の教訓 黒澤 明［映画監督］ 140
59 勝ちパターンの落とし穴 芸談集『あやめぐさ』より 142
60 プロの仕事術 堀 威夫［ホリプロ創業者］ 144
61 「やり甲斐がない」と嘆く前に 山田太一［脚本家］ 146
62 自分の存在感を疑え 雇用の格言より 148
63 思いきり自分を投げ出せ 新藤兼人［映画監督］ 150
64 エリートの矜持 米内光政［総理大臣］ 152
65 投げるタオルのない役者人生 渥美 清［俳優］ 154

7章 歩きつづける足を止めるな

66 ひとの話よりも自分の目を信じよ 村田清風［長州藩士］ 158
67 成功は失敗のもととなる 塩野七生［作家］ 160
68 チヤホヤが役者を殺す 菊田一夫［劇作家］ 162
69 自惚れには足音がない 十二代目市川團十郎［歌舞伎役者］ 164
70 名人は未完成のまま 橋本文夫［ドイツ語学者］ 166
71 品性のいやしさを許すな 戸板康二［劇評家］ 168
72 極めすぎては毒になる 伊達政宗［戦国武将］ 170
73 あなたに恩人は何人いるか 永 六輔［放送作家］ 172
74 なぜひとは嫉妬するのか アンブローズ・ビアス［作家］ 174
75 自分の背中は何を語る？ 山本周五郎［作家］ 176

8章 「幸せ」との出会い方

76 正直こそ幸せへの道　イギリス俚諺より　180
77 冷や飯の喜び　千家元麿［詩人］　182
78 不可能を可能にする方法　向井千秋［宇宙飛行士］、ビル・クリントン［米国大統領］　184
79 負けの込んだ人生のあとで　嵐山光三郎［編集者］　186
80 幸せは味わえない　早坂 暁［脚本家］　188
81 夢が持つ罠　ミヒャエル・エンデ［児童文学者］　190
82 現代人が喪った傾聴力　武満 徹［作曲家］　192
83 考えすぎる危険性　伊藤一彦［歌人］　194
84 睡眠こそ最高の娯楽　杉山平一［詩人］　196
85 哲学者の幸せ　薄田泣菫［詩人］　198
86 幸福は偶然の産物か　オールダス・ハクスリー［作家］　200

9章❦生まれた意味の答え

87 明日を知るには今日を生きよう 萩尾珠美［事務職員］ 204
88 病気は人を成長させる 萩原朔太郎［詩人］ 206
89 肝心なことは目に見えない 大岡 信［詩人］ 208
90 命あってこその成功 仲間由紀恵［女優］ 210
91 『北の国から』五郎の遺言 倉本 聰［脚本家］ 212
92 寝顔が心を落ち着ける 薄田泣菫［詩人］ 214
93 生きる楽しさは一寸したこと 岡本喜八［映画監督］ 216
94 青春の特権 俵 万智［歌人］ 218
95 小石だって役に立つ 映画『道』より 220
96 芸術家が作品に生命を宿すとき 相馬御風［詩人］ 222
97 なぜ私は太宰を嫌ったか 三島由紀夫［作家］ 224

10章 自分が自分であるために

98 夢中になった日々が才能を伸ばす 和歌山民謡より 228
99 今いる場所に思いを巡らせて 作者不詳の川柳より 230
100 待つものは必ず来る 杉山平一［詩人］ 232
101 旅をする人間と到着する人間 ジェフリー・ディーヴァー［作家］ 234
102 失恋に「ありがとう」を言う日 木次洋子［主婦］ 236
103 悪口にはユーモアを 落語『住吉駕籠』より 238
104 運命を受け入れる美しさ 堀口大學［詩人］ 240
105 「にもかかわらず」笑えるか アルフォンス・デーケン［哲学者］ 242
106 初心の大切さを忘れない 森繁久彌［俳優］が好んだ都々逸より 244
107 勝つことだけが人生ではない 伊藤一彦［歌人］ 246
108 死を前にしてのジョーク ロナルド・レーガン［米国大統領］ 248
あとがき 250

1章

いつもそばに人生の名言を

1

「最悪」を次に活かす

ワーストはネクストのマザー。

長嶋茂雄

『年がら年中　長嶋茂雄』
（ベースボール・マガジン社編・刊）

読売巨人軍の終身名誉監督、長嶋茂雄氏（1936〜）の発言ほど面白いものはなく、それでいてこれほど引用しにくいものもない。誰か別人の愉快なエピソードや、誰かによって創作された談話が長嶋氏のキャラクターに託され、「そのとき、ミスターいわく」として巷間に流布しているものも少なくないようである。

ベースボール・マガジン社が1999年に出版した、上下巻からなる日めくりカレンダー『年がら年中　長嶋茂雄』は、発言の記録された年なども傍注に添えられていて、信頼度の高い資料といえるだろう。「サバって漢字はどう書きましたっけ？　そうでした、そうでした。魚ヘンにブルーでしたね」（1994年）、「昨夜も午前2時には寝て、午前5時には起きましたからね。5時間も寝れば十分です」（同）、「初めての還暦、ましてや今年は年男ということで……」（1996年）等々、どれも楽しい。

どん底のスランプにあえいでいても、最悪の試合であろうとも、その経験がやがて次の飛躍を生む。掲出の発言を噛《か》み砕けばそういう意味になるのだが、聴く人の心に響く度合いでは長嶋氏の言葉に遠くおよばない。

意味と、表現と、語り手の全人格が醸し出す匂いと、「言葉の力」とは摩訶不思議な総合力であるらしい。

2

「まだ始まっていない」

シンジ　「マーちゃん、俺たち、もう終わっちゃったのかなあ」

マサル　「バカヤロー、まだ始まっちゃいねえよ」

北野 武

『キッズ・リターン』

シナリオ作家協会編
『'96 年鑑代表シナリオ集』（映人社）

落ちこぼれ高校生コンビの挑戦と挫折を描いた青春映画『キッズ・リターン』（1996年）より。脚本も手がけた北野武氏（1947〜）の監督作品として6作目にあたる。

プロボクサーをめざしたシンジ（安藤政信）と、ヤクザの下っ端になったマサル（金子賢）は、ともにそれぞれの道で苦い敗北を味わった。夢破れた二人は久しぶりに高校を訪れ、自転車に二人乗りしてグラウンドを走る。その幕切れで交わす会話。

北野氏が『その男、凶暴につき』（1989年）で映画監督としてデビューしたのは、約8ヵ月の謹慎生活を招いたいわゆる「フライデー事件」の3年後である。第7作『HANA-BI』（1998年）が、ベネチア国際映画祭で日本作品としては40年ぶりとなる金獅子賞に輝き、〈世界のキタノ〉を不動のものにしたのは、半年間の休養を余儀なくされたバイク事故のやはり3年後のことである。

終わってしまったように見える明日にも、じつは何かの始まりが用意されている。セリフはそのまま、作者の人生に重なろう。

誰の心にもシンジがいて、つまずき倒れるたびに「もう終わっちゃったのかなあ」と虚脱した声でささやきかけてくる。失意のときに「バカヤロー」とどやしつけてくれるマサルを、胸のなかに飼っておきたいものである。

3

生きることを焦らない

私にとって「勉強すれば偉くなる」とか
「勉強すれば上達する」ということよりも
「いくら勉強しても上手にならない人もいる」
ということのほうが、
遥かに勇気をあたえてくれる。

山口 瞳

『男性自身　木槿《むくげ》の花』
（新潮文庫）

山口瞳氏（１９２６〜１９９５）に「勇気」をあたえてくれた人は、白樺派の作家・武者小路実篤である。

〈（実篤は）毎日のように書を書き、絵を描いたが、ついに書も絵も上達することがなかった〉

いまもたまに目にする彼の色紙の、ジャガイモやカボチャにはそれなりの味わいがあるものの、巧拙いずれかと問われれば、なるほど「拙」のほうに近い。

実篤が生涯に書いた色紙は数万枚とも、数十万枚ともいわれる。あまりに直筆の数が多すぎたせいだろう。ある出版社がカラー印刷して売り出した複写版のほうが、直筆の色紙よりも骨董品市場で高い値がついた、という奇妙な逸話も残る。実篤自身が徳川夢聲との対談で楽しげに明かしていることなので、事実なのだろう。

なぜ、野菜ばかりを描いたのか。「キミ、人形は目なんか失敗すると、それでもう駄目じゃないか。野菜なら、どうにかなる」という言葉を聞けば、あまり上手でないことは本人も自覚していたようである。

努力したぶんだけの成果が上がらないと、焦りが生まれる。努力の末に成功した立志伝中の人物は尊敬できるにしても、そういう人物ばかりを我が人生のお手本にしていては焦りが募る一方である。努力しても上達しなかった実篤は「焦り封じ」のお守りになる。

4

欠点もまた天の恵み

負の十を負の十とかけるとプラス百になります。
その百と、正の十を十倍した百は、
同じ百でも意味が全く違う。
それがわからなかったら
詩歌はわからないでしょう。
プラス×プラスには、何の陰翳《いんえい》もない。

塚本邦雄

「塚本邦雄氏に聞く」
（1999年1月29日、読売新聞）

31文字のなかに異形の世界をつくりあげた歌人、塚本邦雄氏（1920〜2005）には、幾つかの異称があった。〝言葉の魔術師〟〝現代の定家〟、そして近代短歌が禁忌として避けた技法を大胆に用いたことから〝負数の王〟ともいう。

〝負数の王〟には批判が込められており、いわば悪名としての異称であったが、塚本氏は「負数の王で結構だ」と言い、その理由を述べたのが掲出のくだりである。

分野は異なるが、作家の山本周五郎にも同様の指摘がある。

〈芸というものは、八方円満、平穏無事、なみかぜ立たずという環境で、育つものではない。あらゆる障害、圧迫、非難、嘲笑をあびせられて、それらを突き抜け、押しやぶり、たたかいながら育つものだ〉（『虚空遍歴』新潮文庫）

たとえば歌舞伎で至芸をうたわれた名優を数えていくと、思い当たるだろう。六代目尾上菊五郎は、声の弱い欠点を絶妙のセリフ回しを完成することで克服した。目の小さかった初代中村吉右衛門は、見得のときに口をカッと開けて独特の華を編み出した。

世間を見まわしても、順風満帆で世を渡ってきたあの人、この人の、刻みの浅い人生観がいかにつまらないか。

欠点、短所、キズ……「負数」もまた天の恵みである。

5

何度でも立ち上がる強さ

誰だって、修羅の一つや二つ、
胸のうちに飼ってるよ。
そいつをこう松明《たいまつ》みたいに
あかあかと掲げて生きていくんだ。

井沢 満
『夜に抱かれて・終章』

『夜に抱かれて・終章』
（角川書店）

日本テレビ系列で1994年に放送された同名のテレビドラマ最終回より。心に傷を負ってエリート商社マンから夜の世界に転身し、ホストとなった麻桐司（高嶋政宏）。彼が高校時代の同級生・神谷流星（東山紀之）に語った言葉である。修羅は悪神「阿修羅」の略だが、ここでは「心の地獄」と言い換えることができよう。

何年か前に奈良の興福寺で阿修羅像を拝観した折、像に添えられた説明文を書き留めて帰った。それによれば、阿修羅という梵語の語源には、二つの相矛盾する説があるのだという。一つは「非（A）天（SURA）＝天にあらず」で文字通り地獄である。もう一つは「生命（ASU）を与える（RA）」で、こちらには再生への希望が感じられる。

つらい出来事や屈辱の記憶が、人の心に修羅の炎をもたらすのはたしかだとしても、その先は語源説と同じく、二通りに分かれるのかもしれない。

炎が身を焼き滅ぼすに任せるか。それとも炎を松明にして、司の言うように、あかあかと人生の夜道を照らしていくか。できるものなら後者でありたいのは誰しも同じである。

「成功」というのは見方によっては、そうむずかしいことではない。倒れた数よりも起き上がった数のほうが1回多いだけのことである。次に立ち上がる1回分の力を求める人には、井沢満氏（1945〜）が司の口を借りて語った言葉は貴重な呪文になる。

6

辛抱が実を結ぶとき

桃栗三年　柿八年　柚《ゆず》の大馬鹿　十八年

壺井 栄

碑文より

小豆島の小高い丘に、壺井栄（1899～1967）の文学碑を訪ねたことがある。生前に好んで色紙に書いたという言葉が刻まれていた。

モモやクリは芽ばえて3年、カキは8年で実がなる。それらに比べてユズの成長は遅く、なかなか実をつけない。ときに周囲から愚か者であるかのように見下される、という意味である。作家の創意によるものか、昔から語り伝えられてきたことわざか、いずれであるのかは寡聞にして知らない。

長い歳月を辛抱して実を結ぶユズに、恵まれない下積みの生活に耐える人の愚直さを重ね、栄はいとおしさを覚えたのだという。きっと『二十四の瞳』の大石先生が、教え子たちに向けたようなまなざしでユズを見つめていたのだろう。

辛抱の期間では禅宗の祖、達磨大師の「面壁九年《めんぺきくねん》」が知られている。壁に向かって座禅を組みつづけること9年にして悟りをひらいた。ユズの場合はダルマさんの倍も長い。

いやいや、それでもまだ足りない、自分はもっと長い期間を耐え忍んでみせるぞと、わが身をムチ打ったのは作家の武者小路実篤である。彼の色紙より。

〈桃栗三年　柿八年　だるまは九年　おれは一生〉

7

休む勇気を持つ

疲れたら休め。
彼らもそう遠くへは行ってないはずだ。

関沢新一

星野哲郎『歌、いとしきものよ』
（集英社）

関沢新一氏（１９２０〜１９９２）は多才な人で、映画やテレビの怪獣もの『モスラ』『ウルトラマン』などの脚本を手がける一方、作詞家としても数々の名曲を世に送った。美空ひばりの『柔』、舟木一夫の『学園広場』、都はるみの『涙の連絡船』などがある。

作詞家の同業である星野哲郎氏に、座右の銘として語った言葉。「この言葉、誰の言葉か知らんけど、俺、20年前から信条にしている。彼らというのは、俺にはライバルという意味だけどね……」とある。

人は皆、競争相手の影におびえる。ここで自分が休憩をとれば、相手に先を越される。恐怖心に追い立てられて無理をし、結局は「短い休憩」を惜しんだがために、のちのち「長い療養」に泣くことも少なくない。

自分が疲れているときは、相手もきっと疲れている。少しばかり休んだところで、彼らがそう遠くまで行けるはずはないのである。

大江健三郎氏の兄君で、歌人の故・大江昭太郎氏にマラソン選手を詠《よ》んだ一首がある。

〈ふりかへり　振り返り走る　ランナーよ　追ふはおのれの　影のみなるを〉

恐怖心のつくりだす影におびえてはなるまい。

8

群れる功罪

人は、無力だから群れるのではない。
あべこべに、群れるから無力なのだ。

竹中 労

『決定版ルポライター事始』
（ちくま文庫）

時代劇に「股旅もの」というジャンルがある。座頭市や沓掛《くつかけ》の時次郎、木枯らし紋次郎あたりを思い浮かべてくだされぱいい。「股旅ものの良さは孤影にある」と述べたのは評論家の川本三郎氏である。

〈汚れ、追われ、世間から蔑《さげす》まれる。最低の場所まで身をやつしたところから、逆に法の世界の悪を斬る。正義だの道徳だののご大層なものは振りかざさない〉（『時代劇ここにあり』平凡社）

いまは亡きルポライター竹中労氏（1930〜1991）は、股旅ものの孤影を身にまとって生きた人である。芸能界や政界の暗部に切っ先するどく斬り込んだ数々の問題作を世に送り、「ケンカ竹中」の異名を取った。孤立無援をものともしない生き方と、独特の生気みなぎる文体を慕う人は、没後20年が過ぎたいまも絶えることがない。竹中氏の背骨をなす行動美学がいかなるものであったかは、掲出の一文からもうかがえる。

群れの仲間がここぞというピンチを救ってくれるのならば、群れてみる価値も多少はあるだろうが、そういうことはまずない。たいていは、畠山みどりが歌った『出世街道』（詞・星野哲郎、曲・市川昭介）の歌詞そのままに、〈♪ 他人《ひと》に好かれていい子になって／落ちていくときゃ独りじゃないか〉が、群れた小魚の末路である。

9

薬にも毒にもならない人間になるな

無くてはならぬ人となるか、
有つてはならぬ人となれ。
沈香《じんこう》もたけ、屁もこけ。
牛羊となつて人の血肉に化してしまふか、
豺狼《さいろう》となつて人類の血肉を啖《くら》ひ尽せ。

河井継之助

森 銑三『偉人暦 下巻』
（中公文庫）

沈香はジンチョウゲ科の香木である。かぐわしい最高の匂いと、いとわしい最低の臭気を並べたことわざ〈沈香もたかず屁もひらず〉は、薬にも毒にもならない凡庸な人物のたとえである。幕末の越後長岡藩士、河井継之助（1827〜1868）は、そうであってはならないのだ、沈香もたけ、屁もこけという。

河井は官軍に抵抗し、長岡城の戦闘で銃創を負い、会津に逃れる途中で死んだ。「薩摩か長州に生まれていれば、われわれの財布には彼の名前と顔が印刷された紙幣が入っているだろう」と述べたのは司馬遼太郎氏（『司馬遼太郎全講演　第1巻』朝日新聞社）だが、幕末の動乱が生んだ傑物のひとりである。

死に際しての挿話が残っている。死期を悟った河井は、「官軍におれの死骸を見せるのは嫌だから、おれを早く焼け」と配下の者に命じ、火を焚かせた。やがて自分を焼くことになる炎を眺めつつ息を引きとったという。語録には、こういう言葉も見える。

〈人間は棺桶《かんおけ》に入れられて、上から蓋《ふた》をされ、釘を打たれ、土中に埋められてしまった後の心にあらざれば、何の役にも立たぬ〉。ヤマイヌやオオカミになって人類の血肉を喰らい尽くす。ずいぶん過激だが、ともすれば〈沈香もたかず屁もひらず〉の事なかれ主義に流されやすい現代人である。わが身に「活ッ！」を入れる、言葉の劇薬が必要なときもあるだろう。

10

敗北の言い訳を用意しない

だれでも経験があるだろう、運動会で
子供たちが懸命に走っているのをみると
眼がうるむのだ、自分の子でもないのに、
ビリの子供の力走には涙が出てくるのだ。

中桐雅夫
「母子草」（抜粋）

『会社の人事』
（晶文社）

中島敦の小説『山月記』には、かつては人間であり、詩人たらんとして、たり得なかったことの妄執ゆえに虎に身を変じた男が描かれている。男は人煙の絶えた山のなかで、旅人としてその地を通りかかった昔の友人と出会う。虎に姿を変えた男が身の上を語り、深い悔恨を吐露したなかに、〈臆病な自尊心〉という言葉が出てくる。

自分は詩によって名を成そうと思いながらも、進んで師に就いて勉強することもしなかったし、志を同じくする友人と交際して切磋琢磨することもしなかった。わざと努力を怠ったのは、自分に詩の才能がないことを自覚するのが怖かったからであり、つまりは〈臆病な自尊心〉のせいである、と。

大人であれば程度の差はあれ、誰の心にも〈臆病な自尊心〉が宿っている。全力を尽くした末に敗北を喫するのでは、自分があまりにみじめであり、救いがない。だから、意図して手抜きをする。「まだ本気を出していないから、負けたってどうってことないもんね」と、勝敗の決する前に敗北の言い訳を用意するのである。

幼い子供にはそれがない。全力を傾けて敗れることを少しも苦にしないという意味で、子供は常に純粋無垢の競技者である。中桐雅夫氏（1919~1983）にならい、たまには運動会の観覧席で「ビリの子供の力走」に涙してみるのもいい。

11

天才だってスランプはある

打てぬ日も　あるイチローを　好きになり

第一生命サラリーマン川柳

山藤章二、尾藤三柳、第一生命選
『「サラ川」傑作選すごろく』(講談社)

あれほど苦しみ、のたうつイチロー選手を見たことがない。野球の世界一を決める２００９年の第2回ワールド・ベースボール・クラシック（ＷＢＣ）でのことである。

野球の神様から生命を授かったかのように思われていた人が、好機に幾度も凡退し、苦渋と屈辱のなかでみずから選択した送りバントという自己犠牲にさえ失敗した。

「イチローも人の子」と世間が洩らした吐息のなかに、がっかりしたような、それでいてどこか胸をなでおろしたような、複雑な響きが込められていたのを記憶している。

陽光は人の心をわき立たせ、月光は人の心をなぐさめる。陽光の恵み手でありつづけた人が、初めて月光を放った大会であったろう。

現役時代は三冠王をとった名選手で、監督としても名将とうたわれた野村克也氏は、南海ホークスに入団したプロ1年目を「11打数ゼロ安打、５三振」という惨憺《さんたん》たる成績で終えている。

偉大なる「３０００本安打」の張本勲氏は東映フライヤーズでのプロデビュー戦で、１回裏に三振し、守備についた2回表にはエラーをして即刻交代させられている。

陽光ばかりを放ちつづけた人はいない。

2章 どんなにつらくても笑える日は来る

12

成功に遅すぎたということはない

あいつより　うまいはずだが　なぜ売れぬ

森 光子

はがやすし『男優女優の昭和誌』
（人間の科学社）

名前を聞くと、ある年齢が浮かんでくる、そういう人がいる。

『昆虫記』のファーブルならば56歳。不朽の名著全10巻の執筆は、その年齢で始められている。

故・やなせたかし氏ならば54歳。漫画家としてなかなか芽の出なかった人がアンパンマンを世に送り出した年齢である。それまでは、ろくに仕事がなかった。やなせ氏の作詞した歌『手のひらを太陽に』は、不遇の下積み時代、することもなくランプの電球に手をかざしていて浮かんだ詞という。

森光子さん（1920～2012）ならば41歳。役に恵まれなかった森さんが、劇作家・菊田一夫の目にとまり、初めての主役『放浪記』で女優開眼をとげたのは、その年齢である。

当時は主に関西で仕事をしていたが、ドラマをつくるとなるとヒロインは東京から呼ぶ。2番手、3番手の女優も東京の役者が占め、森さんには良くて4番手、5番手の役しか回ってこない。悔しい思いをしたという。

掲出の句は芽が出る前の作で、楽屋の川柳大会で金賞をもらっている。国民栄誉賞に輝く大女優にして、その句あり。

それぞれに分野は違えども、晩成の人々は人生の応援団である。

13

やってみて初めてわかる

あのね、蛇が脱皮するの、
どうしてだか知ってます？
（中略）
一所懸命、何度も何度も脱皮しているうちに、
いつかは足が生えてくるって
信じてるからなんですってさ。
今度こそ、今度こそ、ってね。

宮部みゆき

『火車』
（新潮文庫）

五味康祐の剣豪小説で、たしか『二人の武蔵』だったと記憶している。若き日の武蔵が、太刀を腰に差して何度も何度も、池だか沼だかに飛び込む修業の場面があった。

顔から落ちる瞬間、鏡のような水面に自分の影が映る。武蔵は刀を抜いて影を斬ろうとするのだが、当然ながら影もまた、実物の武蔵を斬ろうと刀を抜く。影と実物、二つの刀は常に水面上で交わり、どちらが遅い、どちらが早いということはあり得ない。それでも武蔵は、影が斬りかかる前に影を斬るべく、飛び込みを繰り返すのである。

物理の法則に照らせば、無駄な行為であり、愚かな挑戦だろう。たとえ何億回、何兆回、同じ動作を繰り返したところで、目的が達成される見込みはない。宮部みゆき氏（1960〜）の作中人物が語る蛇の脱皮に似たところがある。

「無駄な行為」「愚かな挑戦」と書いたが、どうだろう。水面に映る自分の影を一瞬早く斬れる日がいつか来ると信じた武蔵は、目的は叶えられずとも、その修業をとおして、なにがしかの極意を会得したかも知れない。脱皮を繰り返した蛇は、足の生える願いは満たされずとも、最初から無理と決めつけて脱皮に挑みもしないほかの動物には到達することのできない、刻みの深い人生観を養ったかもしれない。

世の中で修業と名のつくものは皆、やってみて、初めてわかることばかりである。

14

開き直りも知恵の内

雨は降り出す　屋根の薪《まき》ャぬれる
背中で餓鬼《がき》ャ泣く　飯ャ焦げる

俗謡

湯朝観明編『風流俗謡集』
（聚英閣）

桂米朝さんが落語『帯久』で語る。

「も、悪《わる》なると何もかも悪なりますなあ。弱り目に祟り目、泣き面に蜂、貧すりゃ鈍する、藁《わら》打ちゃ手ェ打つ、便所へ行《い》たら人が入っとおるちゅうぐらいで……」（『桂米朝コレクション4 商売繁盛』ちくま文庫）

悪いときに悪いことが重なるのは実生活でもしばしばあることだが、掲出の歌はその極端な例だろう。詠まれているのは、おかみさんか、あるいは女房に逃げられでもしたご亭主のほうか。一つひとつは取るに足らない些細な厄介ごとも、一度にこれだけ集中して起こると、泣くとか嘆くでは収まりがつかず、すべてを放り出して「ギャオーッ」と叫びたくなるのが人情かもしれない。

雨よ降れ、薪よ濡れろ、餓鬼よ泣け、飯よ焦げろ、それでも命をとられるわけではあるまいサと、ここは開き直るしか手がないようである。

〈最悪の日に生まれたものには／悪い日も快いであろう〉（高橋健二編訳『ゲーテ格言集』新潮文庫）

文豪ゲーテもこう言っている。つらいときには、右の俗謡をおまじない代わりに口ずさみ、「まだマシ、まだマシ」と自分自身を励ましてみるのもいい。

15

陽光の力を借りる「がばい」知恵

悲しい話は夜するな。
どんなつらい話も、
昼したらたいしたことはない。

おさのばあちゃん

島田洋七『佐賀のがばいばあちゃん』
（徳間文庫）

NHK朝の連続テレビ小説『雲のじゅうたん』や名作『冬の旅』の脚本家、田向正健氏は書いている。〈暗闇の中で木刀を持ったりすれば、殴る相手は自然に生まれる〉と。ある脚本集に収めた自作解説の一節である（『テレビドラマ代表作選集1983年版』日本放送作家組合編・刊）。

誰かが憎くて木刀を握るのではないが、握れば誰かに対する憎しみがわいてくる。夜は疑心暗鬼や妄想に駆られやすい時間であり、抱えている問題に解決の糸口を見つけるつもりが、問題をかえって複雑にしてしまう場合が少なくない。

掲出の言葉は、漫才コンビ「B&B」として人気を博した島田洋七さんが、少年のころに聞かされた祖母の教え。エッセイ集の題名にある「がばい」とは、佐賀の方言で「すごい」の意味という。

夜行性の生活習慣を切り替え、早起きするようになっただけで悩みごとの深刻さが和らいだという例は、しばしば耳にするところである。単純なようでいて、じつは「がばい」知恵であろう。

おばあちゃんの語録から、気持ちがフッと軽くなる言葉をもう一つ。

「あんまり勉強するな。勉強すると癖になるぞ」

16

雌伏のときに耐える心得

明日伸びんがために、今日は縮むのであります。

浜口雄幸《おさち》

城山三郎『男子の本懐』
（新潮文庫）

20年ほど前に亡くなった俳人、正木浩一氏に蛍の句がある。

〈明滅の　滅を力に　蛍飛ぶ〉

明も滅もない蠅や蚊も飛んでいるのだから、生物学的にそんなことはないだろうが、言われてみるとそうも思えてくる。

じっと身をかがめて力を蓄える「滅」の時節が、人の一生には幾度となく訪れる。自身には飛ぶための準備であっても、はたから見ればおそらくは負け犬と映っているはずで、つらい時間である。

その風貌から「ライオン宰相」の異名を取った浜口雄幸（1870～1931）は、昭和の初め、押し寄せる世界恐慌の荒波を乗り切るべく、構造改革路線を推し進めた。掲出の言葉は、国民に緊縮・節約を訴えたビラの一節。

一時は経営危機も取り沙汰された日産自動車が、カルロス・ゴーン社長のもとで業績のV字回復を果たしたとき、よく似た言葉を株主総会の会場に掲げていたのを思い出す。

〈最も深くかがむ者が、最も高く飛躍できる〉

「滅」の力を信じて雌伏のときに耐える人には、永遠のエールであろう。

17

宿命を嘆かない強さを持て

精一杯重い荷物を背負って、
下りのエスカレーターの階段を一段一段
登るような、そんな努力をした男です。

玉ノ海梅吉

杉山邦博、小林照幸『土俵の真実』
（文藝春秋）

その「男」とは大相撲の元大関、初代貴ノ花（本名・花田満）である。細身ながら内側にバネを蔵したような均整のとれた身体と、端整なマスクで「角界のプリンス」と呼ばれた。輪島、北の湖の両横綱とともに、大相撲の黄金期をつくっている。

腎臓病や足のけがと闘いながら、懸命に大関の座を守ってきた貴ノ花が引退したのは、1981年初場所七日目のことである。この日、NHKの大相撲中継で実況を担当した杉山邦博アナウンサーは、放送の第一声で「本日、大関貴ノ花が引退しました」と涙まじりの声で伝えた。掲出の言葉は、初優勝のVTRや思い出の写真がテレビ画面に流れるなかで、相撲解説者の玉ノ海梅吉氏（1912〜1988）が語ったもの。

背負った「重い荷物」とは、恵まれたとは言えない小柄な身体であり、名横綱・初代若乃花を実兄にもった重圧であり、大相撲の人気を一身で支える責任の重さであり、病気とけがの数々であったろう。

貴ノ花引退後の土俵を支えた千代の富士（現・九重親方）のように、平幕力士が1年後には横綱になっていた例もある。貴ノ花は横綱になれなかった。特急エレベーターの乗客がいて、下りのエスカレーターを登る人がいる。相撲に限らず、どの分野でも人生は不公平にできているが、宿命を嘆いても実るものはない。「黙って登れ」と、その人の声がする。

18

単純作業のなかに真理がある

夜の沈黙《しじま》の中でひとり静かに墨を磨《す》れ
かすかな反復音を確かめよ
（中略）
心細かったら
今もどこかで同じように
生きることの悲しみと苦しみとを
織り込むように仕事をしている人が
間違いなくいることを信じて
墨を磨れ

石川九楊
「墨を磨れ」（抜粋）

『「書く」ということ』
（文春新書）

「墨を磨れ」は、書家の石川九楊氏（１９４５～）が書道塾の塾生に宛てたメッセージである。掲出の著書に、〈多くの読者は「ペンを執《と》れ」とでも読み換えていただきたい〉と書いている。どういう仕事にも地味で孤独な作業はつきもので、「ハンドルを握れ」「箱を積め」「ひもを結べ」「布を縫え」「穴を掘れ」……。メッセージの応用例は、職業の数だけある。

なかでも墨を磨る作業には不思議な効用があるようで、ドイツ文学者の故・高橋義孝氏は「たんま」効果を挙げている。子供たちが鬼ごっこなどの遊びを一時中断するときに、合図として声を掛ける「たんま」である。

字を書くなり、絵を描くなりの目的があって墨を磨り始めたのに、磨っているうちに目的を忘れ、しまいには磨っていることさえ意識から消えてしまう。気がつくと、なんだかわけのわからぬままに手だけが動いている。心を真空に浮かべ、あたかも日常生活に「たんま」をかけたかのようだ、と。

時代小説の剣豪物では「無我の境地」ということがしばしば語られる。凡人の身で推察するのもおこがましいが、宮本武蔵も柳生宗矩《むねのり》も、おそらくは沈思と瞑想によってその境地に到達したのではあるまい。剣を振って、振って、振り抜いて、心を真空に浮かべたのだろう。

一見すると退屈そうでいて、単純な反復作業には侮れないものがある。

19

敗者に温められた記憶

肩を落し　去りゆく選手を　見守りぬ
わが精神の　遠景として

島田修二

篠弘『ＮＨＫ短歌入門　生き方の表現』
（ＮＨＫ出版）

どの競技といわず勝敗が決したとき、勝者よりも敗者に目がいく。もって生まれた性分のせいか、年齢も手伝ってのことなのか、自分でもよくはわからない。

２０１０年のバンクーバー冬季五輪の男子フィギュアスケートでは、靱帯《じんたい》断裂の苦難を乗り越えて日本男子悲願のメダルを手にした高橋大輔選手に拍手を送りつつ、織田信成選手の演技に胸を打たれた。

靴ひもが切れて演技をいったん中断したとき、おそらくは泣き出したかったろう。もはや高得点の望みが絶たれたなかで、それでも持ち味のコミカルな動きを最後まで演じきった。スタンドから励ましの拍手を受けて演技を終えたとき、「ありがとうございます」と声は聞こえなかったが、唇の形がそう動いたのを覚えている。

息づまる延長戦でフライを落球し、サヨナラ負けに泣き崩れる甲子園の高校球児がいる。駅伝の中継所で、あとわずか数十秒およばなかったばかりに、次の走者にタスキをつなぐことができず、はいつくばり、アスファルトに両手の爪を立てて号泣する選手がいる。

島田修二氏（１９２８〜２００４）が「わが精神の遠景」として見守ったのは、何の競技に敗れた選手だったのだろう。勝者に勇気づけられた記憶よりも、敗者に温められた記憶のほうがいっそう深く、胸に残るのはたしかである。

20

天才の苦痛

天才とは、
無限に苦痛に耐えうる能力をいうそうだ。

シャーロック・ホームズ

コナン・ドイル（中野康司・高田寛訳）
『シャーロック・ホームズ全集　第３巻〈緋色の研究〉』
（東京図書）

戦前戦後を通して寄席芸能の研究家として活躍した人に正岡容《いるる》がいる。弟子のなかから小沢昭一、桂米朝、加藤武といった芸達者の面々が巣立っている。

「間《ま》」というものに人並み外れて鋭敏な感覚をもっていたようで、こぼれ話が伝わっている。書斎にいるとき、近くの道でキャッチボールがはじまると正岡はひどく苛立《いらだ》ち、外へ散歩に出るのを常とした。球を投げる気配があって、それから球がミットに納まるまで、1、2秒の「間」が神経に障り、耐えられなかったという。研ぎすまされた感性をもつ人にはその人なりの苦しみがあるらしい。

たとえば、モーツァルトの頭のなかには序章から終章までがすでに完全な形でき上がっていて、彼にとって作曲とは頭のなかにある曲を譜面に写し取る作業にすぎなかったといわれる。「楽チンで羨ましい」と思うのは凡人の発想であって、モーツァルトにしてみれば、猥雑な音に満ちた世の中は耳をふさぎたくなる地獄であったかもしれない。

コナン・ドイル（1859～1930）の創作した名探偵ホームズも、あれほど頭の切れた人だから、馬鹿ぞろいの世間と交わることには猿の惑星に暮らしているような苦痛を、ときに感じていたことだろう。そうでなければ、コカインを常用するはずもない。

凡才であることの、ありがたさよ。

21

過ちが去って「過去」と書く

日々を過ごす
日々を過つ《あやま》
二つは
一つことか
生きることは
そのまま過ちであるかもしれない日々

吉野 弘
「過」(抜粋)

『続・吉野弘詩集』
(思潮社)

ニクソン政権で国務長官などを務めた米国政界の重鎮、ヘンリー・キッシンジャー氏が、回想録『キッシンジャー激動の時代』を出版したのは1982年である。その第2巻について米紙に語っている。

〈この本は自分に正直に書いた。八百五十ページ目に、私の最初の失敗について言及している〉（晴山陽一『すごい言葉』文春新書）

849ページ分の人生に、ただの一つも失敗がなかったとはいささか信じがたいが、人は誰しも自分のあやまちを認めたがらないことを思えば、850ページ目にようやく一つ認めただけでも「正直」と言わねばなるまい。

渋々あやまちを認めた場合にも、責任は少しでも軽くしたいのが人間である。そこであれこれと言い訳を考える。芥川龍之介の遺稿『闇中問答《あんちゅうもんどう》』で登場人物は言う。〈四分の一は僕の遺伝、四分の一は僕の境遇、四分の一は僕の偶然、――僕の責任は四分の一だけだ〉。

そうムキになりなさんな。生きていれば誰でも間違いを犯すものなのだから……。吉野弘氏（1926～）の詩句は、保身にこわばりがちな心をほぐしてくれることだろう。

「過去」という語を「過ぎ去る」と読めば、何やら取り返しのつかない時間が流れたように感じられて、不安にかられる。「過ちが去る」と読むとき、見えてくる明日もある。

3章 人づきあいに悩まない知恵

22

人間関係は祭りと修業の繰り返し

いい人と歩けば祭り、
悪い人と歩けば修業。

小林ハル

山折哲雄『「歌」の精神史』
（中公叢書）

俗に「親と上司は選べない」という。間違いではないのだが、選べないものはほかにもたくさんある。同僚にしたって隣人にしたって、好きに選ぶことはできない。相手が意地の悪い者であろうとも、心根の卑しい者であろうとも、同じ空間に身を置く不幸を宿命とあきらめて、ともに歩かねばならないのが人生街道である。相手から逃げも隠れもできないとすれば、いやな人間と旅の道連れになったときの心構えを固めておくに越したことはない。

小林ハルさん（1900〜2005）は「最後の瞽女《ごぜ》」と呼ばれた。三味線を抱えて家々をめぐり歩き、民謡や小唄を披露する盲目の女旅芸人が瞽女である。

新潟県の南蒲原郡（いまの三条市）に生まれたハルさんは、生後3ヵ月で失明した。5歳から修業を始め、親方や先輩の瞽女に伴われて地方地方を回った。105年の生涯を旅から旅へ生きた女性である。晩年は黄綬褒章を受章し、国の無形文化財にも指定されて旅路の足跡に美しい花を咲かせたが、若き日の苦難は並大抵ではなかったらしい。

欲の深い親方もいた。意地の悪い先輩もいた。差別、仲間はずれ、暴力……見えない目に浮かべた数限りない涙の粒から紡ぎ出された掲出の言葉である。

人間関係に「天国」と「地獄」はない。「祭り」と「修業」がある。そう考えたとき、いやな人物と道連れの旅をする足取りがほんの少しだけ軽くなる。

23

結ぶよりほぐすほうがむずかしい

小包の紐《ひも》の結び目を
ほぐしながら
思ってみる
——結ぶときより、ほぐすとき
すこし辛抱が要るようだと

吉野 弘
「ほぐす」（抜粋）

『贈るうた』
（花神社）

詩人の堀口大學は、慶応義塾の先輩にあたる作家の水上滝太郎を友人として敬愛していた。その滝太郎が前触れもなく、「堀口大學に」と題する短歌20首を文芸誌に発表したので大學は驚く。辛辣《しんらつ》きわまる歌である。

〈汝《な》が歌を　あげつらはんは　苦しかり　歌を捨てよと　云うにひとしく〉(きみの詩歌を取り上げて論じるのはつらい。きみに「もう詩歌などやめてしまえ」と告げるにひとしいから)

大學は滝太郎に手紙を書いた。「あなたのお歌、拝見しました。あなたは私に歌を捨てよと言われるが、私はむしろあなたを捨てます」。絶交である。

後年、ふたりとは共通の友人である劇作家の久保田万太郎が、仲直りの機会をつくりたいと大學に持ちかけた。大學は感謝しつつ断った。「友情も雑炊も温めかえしてはうまくないから」と。かくして、大學と滝太郎の友情は息を吹き返すことなく終わる。

大學にしてみれば、売られた喧嘩を買ったのだろう。絶交状を叩きつけなければ芸術家としての一分が立たなかったのもたしかだろうが、世の中で一番むずかしい買いものは喧嘩であることを、文人ふたりの挿話が教えている。

結んではほぐし、また結び直す人づきあいの紐に取り巻かれて、人は生きている。吉野弘氏の言う、ほぐすときの少しの辛抱を忘れまい。

24

敵は減らない、味方を減らすな

人生ってものは敵が千人で味方が千人なんです。
敵の千人がへることはぜったいない。
とすれば、味方の千人がへらないようにするしかないんですよ。

池島信平

丸谷才一『絵具屋の女房』
（文藝春秋）

「敵を味方にするのが、敵を破ることである」

米国第16代大統領エイブラハム・リンカーンはそう語ったという。いわば賊軍である南軍の捕虜を釈放したり、残党を深追いしないよう指示したり、指導者を大量処刑することに反対したり……といった南北戦争における彼の行動はすべて、その実践であったろう。

まことに立派な政治信条ではあるのだが、南北戦争時の実践例は、北軍の勝利が決まったあとの言ってみれば戦後処理の話である。敵と味方がツノを突き合わせている場面に、そのまま応用することはできない。敵を味方にする最短の近道は、敵の軍門に下ることであり、リンカーン流でいけば、不戦敗こそが最善の選択という奇妙な結論になってしまう。

リンカーンの逆を説く池島信平氏（1909～1973）の処世哲学は、一見すると下世話なようでいて、世間というものを知り抜いた人の深い洞察に裏打ちされている。いかに行動するか、判断に迷ったときの参考になるだろう。

文藝春秋の編集者で編集局長、のちに社長となった池島氏は、戦後を代表するジャーナリストのひとりである。掲出の言葉は、旧制高校の後輩にあたる作家の丸谷才一氏から、ある相談事を持ちかけられたときにアドバイスとして語ったもの。

まずは味方を減らさない。浮世の戦陣訓である。

25

「いい人」とは「いてもいなくてもいい人」

好人物は何よりも先に
天上の神に似たものである。
第一に歓喜を語るのに好《よ》い。
第二に不幸を訴えるのに好い。
第三に――いてもいないでも好い。

芥川龍之介

『侏儒の言葉・西方の人』
（新潮社）

清少納言は『枕草子』で「人にあなづらるるもの」(ひとに侮られるもの、軽く見られるもの、安く踏まれるもの)を、二つ挙げている。

一、築土《ついじ》の崩れ。
二、あまり心善しと、人に知られぬる人。

前者は「屋敷の土塀が崩れていること」であり、後者は「度を越したお人よし」である。芥川龍之介(1892〜1927)が好人物を評して述べた「いてもいないでも好い」も、清少納言と同じ観察眼によるものだろう。

落語『付き馬』でも、物腰が柔らかで人あたりのいい好人物は、褒《ほ》められながら、じつはからかわれている。「言うことにカドがとれてるね、いやカドがとれてるお前さんは。古い角砂糖のような人だ」。なるほど、甘くてなめられるということでは、あまりのお人よしは角砂糖に似ていなくもない。

他人から「いい人」と見られたい、そう呼ばれたいのは人情である。それでついつい無理をして疲れる。どこかに「いい人」の仮面を脱ぎ捨てる時間があってもいい。

26

悪口を言われたときに……

五郎「悪口ってやつはな、
いわれてるほうがずっと楽なもンだ。
いってる人間のほうが傷つく」
純「――」
五郎「被害者と加害者と比較したらな、
被害者でいるほうがずっと気楽だ。
加害者になったらしんどいもンだ。
だから悪口はいわンほうがいい」

倉本 聰

『北の国から』

『定本　北の国から』
(理論社)

数年前、岐阜県で中学2年生の少女がいじめを苦に自殺した。遺書の内容を報じた新聞記事を切り抜いてある。所属するバスケットボール部のチームメート4人の名前（記事では空欄）を列挙し、「本当に迷惑ばかりかけてしまったね。これで、お荷物が減るからね」と書かれていた。あんたはチームのお荷物よ、と言われていたのかもしれない。

「私、そんなに気持ちわるかったですか？」と、同級生たちに問いかける遺書を残して命を絶った少女もいた。この子は、おそらく「キモイ」と言われていたのだろう。

美しい蝶だって、蠅たちの集まりでは「キモイ」という評価をくだされるだろう。汚らわしい蠅ごときのつまらぬ中傷で大切な命を捨てるな。そう思うのだが、悲劇の絶える日はなかなかやってこない。

北海道の富良野を舞台にしたテレビドラマ『北の国から』より。父親の悪口を言ってまわる村人に憤慨する息子・純（吉岡秀隆）を、父親・五郎（田中邦衛）がなだめて語るセリフである。

悪口という刃物で血を流し、流させる人間関係は子供の世界に限るまい。程度の差はあれ、となり近所にも、職場にもきっとあることだろう。倉本聰氏（1935～）が五郎の口を借りて語る悪口論は、胸の薬箱に入れておいて損はない。

27

惨めな目に遭ったときの対処法

惨《みじ》めな目に遭った時の心得。
一つ。品物に八つ当たりしないこと。
一つ。頬に笑顔を絶やさないこと。
一つ。無理をしていると
他人にさとられないようにすること。

向田邦子
『冬の運動会』

『向田邦子シナリオ集Ⅳ 冬の運動会』
（岩波現代文庫）

のちに「天下の名優」とうたわれた歌舞伎の九代目市川團十郎に、若いころのこぼれ話がある。どこかの酒宴に招かれた折、酒癖の悪い相撲取りと同席した。この力士は役者という職業を見くだし、酒を満たした盃を足の指に挟むと、團十郎に「飲め」と命じた。

團十郎はだまって十八番の『暫《しばらく》』を舞い始める。盃を指に挟んだ足を、宙に上げたままでいる力士はたまらない。足は震えだし、額からは汗が噴き出る。

やがて演技を終えた團十郎は、力士の前に端座して「いただきます」と言って盃を手に取った。そのとき、宴の座には割れんばかりの喝采が起きたと伝えられる。

惨めな目に遭っても落ち着いた振る舞いをするならば、相手を逆に惨めな目に遭わせることができる。團十郎の挿話は逆襲の見事な成功例であろう。

向田邦子（1929〜1981）作のテレビドラマ『冬の運動会』より。万引きをした過去によって家族からも疎《うと》まれ、定職にも就けない青年・菊男（根津甚八）のモノローグ。

心得のなかでも、第一条の「品物に八つ当たりしないこと」はぜひとも覚えておきたい。心がどれほど興奮していようとも、たとえ指先にであれ正気が残っている限りは、人はそうそう醜態をさらさないものである。

酒場で口論をするとき、グラスはいつもより静かに置かねばならない。

28

可愛げを最高の武器とせよ

才能も智恵も努力も身持ちも忠誠も、
すべてを引っくるめたところで、
ただ可愛気《かわいげ》があるという奴には叶わない。

谷沢永一

『人間通』
（新潮社）

古代中国・春秋の時代、衛の国の朝廷に務める弥子瑕《びしか》という男は、君主にたいそう寵愛《ちょうあい》された。弥子瑕は急病の母親を見舞うとき、君主の車を使った。衛の法律では、許可なく君主の車に乗った者は、足切りの刑にされる決まりである。しかし君主は、弥子瑕が親孝行であることを褒めたたえ、お咎《とが》めはなかった。

弥子瑕は、果樹園の遊びにお供して甘い桃を食べたとき、全部は食べきらず、食べ残しを君主に差し上げた。自分を慕っている証拠だと言って、君主は弥子瑕の振る舞いを褒めた。

故事にその名を伝える弥子瑕はおそらく、可愛げのある人物だったのだろう。世の中には弥子瑕のような人物がたしかにいる。何をしても、何を言っても、周囲が思わず目を細め、笑い皺《じわ》をこしらえてしまう人物がいる。

目から鼻に抜ける才知を備えた人も、刻苦勉励の努力家も、可愛げのある人にはかなわない。可愛げの乏しい身にはシャクに障るものの、文芸評論家の谷沢永一氏（1929～2011）による洞察は、ひとつの真理である。

可愛げは持って生まれた天性で、努力して身につくものではない。可愛げのない人間はどうしたらいいか。谷沢氏は「律義」を狙え、と説く。

〈律義ならば努めて達し得るであろう。律義を磨きあげれば殆《ほとん》ど可愛気に近づくのである〉

29

狡猾な弱者が一番怖い

ラーゲリの囚人を実際にいらだたせ、疲労させるのは強者の横暴ではなく、弱者のこの狡猾《こうかつ》である。

石原吉郎

『望郷と海』
（ちくま学芸文庫）

『明鏡国語辞典』を出版している大修館書店が、国語辞典に載せたい新語・造語を全国の中高生から募った。選ばれた優秀作品のひとつに【紙鼬】(かみいたち)がある。動物ではない。「紙を扱っているときに、刃物で切ったようなするどい切り傷がいつのまにかできる現象」のことだという。昔からある言葉「かまいたち」を下敷きにした造語である。

紙に噛みつかれてできる小さな傷は、誰にも経験があるだろう。見た目には取るに足らない傷口が、いつまでもズキズキと、じつに痛いものである。

包丁やナイフには、それなりの用心をする。紙を扱うときはその用心をつい怠りがちで、不意を突かれて驚くことになる。人づきあいも同じで、見るからに悪い奴には、あらかじめ接触を避けるなり、ご機嫌を取るなりの対処法がある。小市民然とした普通人の、ごく地味な悪意ほど始末におえないものはない。

シベリアで抑留生活を体験した詩人、石原吉郎氏(1915~1977)のラーゲリ(捕虜収容所)における人間観察は、職場であれ、学校の父母会であれ、マンションの自治会であれ、人の世の集団すべてにあてはまるだろう。弱者の狡猾に不意を突かれ、心に小さな切り傷を負うことは日常茶飯事である。「この、小狡《こずる》いカミイタチめ!」。胸のなかで毒づく言葉は、知らないよりも知っているほうがいい。

30

無心の自分を誇れ

われを去る。ゆえに、われあり。

外山滋比古

『ことばに遊ぶ』
（毎日新聞社）

目の前に机がある。その机を意識のなかから消してしまう。本がある。本も消してしまう。壁も、窓も、窓から見える景色も、消してしまう。ありとあらゆるものを消し去ったとき、自分自身が残る。自分も消してしまう。

すべては消え去ったか？　そうはならない。

「自分を消した」自分が残る。「自分を消した」自分を消しても、「『自分を消した』自分を消した」自分が残る……。どこまでいっても、考えている自分が消えることはない。自分を自分たらしめている本質は「考える」という行為にある。

フランスの哲学者デカルトが『方法序説』で述べた〈我思う、ゆえに我あり〉を凡人なりに解釈すれば、そういうことなのだろう。

英文学者、外山滋比古氏（1923〜）の言葉は、デカルトのもじりである。意味するところは察せられよう。自分の利益も名誉も勘定に入れず、ただ無心に働いたときくらい、自分という存在が誇らしく、大きく感じられるときはない。

吉野弘氏の漢字を題材にした連作の詩に「忌」と題された一編がある。

〈忌むべきものの第一は　己《おのれ》が己がと言う心〉（『続続・吉野弘詩集』思潮社）

31

「ドーデモイイ」という解答もある

ある問題に対して「ドーデモイイ」という解決法のある事に気の付かぬ人がある。何事でもただ一つしか正しい道がないと思っているからである。

寺田寅彦

出久根達郎『百貌百言』（文春新書）

戦前にイタリア大使やフランス大使を歴任した外交官に杉村陽太郎がいる。高等文官試験（現・国家公務員試験）を受けたときの挿話が伝わっている。

筆記試験で、やけにこまごました問題が出た。杉村は白紙で提出した。続く口頭試問でそのことを問われ、答えたという。「私が外交官になったら、あんな問題は属官に調べさせます」。面接官はうなずき、杉村は合格した。

物理学者で随筆家の寺田寅彦（1878〜1935）の言う「ドーデモイイ」という解決法を、試験する側も受験する側も知っていた昔のこぼれ話である。

いつぞや、生命科学者でJT生命誌研究館館長の中村桂子さんにお目にかかった折、小学校のコンピューター教育が話題に出た。

コンピューターを用いた授業で、子供たちは「答えは常に一つで、キーを叩けばその答えが出る」と勘違いをするかも知れない。答えは複数あるのだということを教えることが先ではないか……。中村さんがそういう趣旨のことを話されたのを覚えている。

それが本能なのか、仕事であれ、人づきあいであれ、目の前に問題を差し出されると、誰しも唯一絶対の答えを見つけなくてはいけないという強迫の念に駆られがちである。パソコン万能の現代ではなおさらだろう。解答の選択肢に「ドーデモイイ」を加えておきたい。

32

理想的な酒の飲み方

「いいお酒ですな」と
人に感心されるようなのみかたが、
あんがい静かな絶望の表現であったりする。

高橋和巳
『酒と雪と病』

『日本の名随筆〈酒〉』
（作品社）

ことわざに「酒が沈むと言葉が浮かぶ」という。

盃を重ねるにつれて、李白や若山牧水のように流麗な詩句が脳裏に浮かんでくる……そういう意味ではない。酒を飲むと口数が増えて、腹にしまっておくべき本心まで明かしてしまう、ご注意あれ、という戒めである。

酒の異称として「忘憂」という言葉があるように、人づきあいでささくれ立った感情を癒やす薬として、酒は珍重されてきた。

しかし現実には、酒席でつまらない口論をしたり、言わなくていい自慢を口にしたり、忘憂ならぬ「招憂」の酒に終わることも少なくない。

〈酔へばあさましく　酔はねばさびしく〉

種田山頭火の句を引くまでもなく、酒とのつきあい方はむずかしいものである。

憂いをグラスに沈めて飲みくだし、酔いに身をまかせつつも声を荒げることはなく、穏やかな微笑を絶やさない……。『悲の器』や『邪宗門』の作家、高橋和巳（１９３１〜１９７１）の言う「感心されるようなのみかた」ができれば、社会人として一人前ということになる。髪をかきむしり、頭を抱えるだけが絶望の表現ではない。

4章

愛に生きられる喜びを

33

恋心はなぜ痛い？

すきになる　ということは
心を　ちぎってあげるのか
だから　こんなに痛いのか

工藤直子
「痛い」

『工藤直子詩集』
（角川春樹事務所）

フランスの作家オノレ・デュルフェは小説『アストレ』で登場人物の口を借りて語った。〈愛するとはどんなことか知っていますか。自分を殺して、相手のなかに生きることです〉デュルフェの言葉からは成人した男女の燃えるような恋慕の情が浮かんでくる。工藤直子さん（1935〜）の詩からは、初めての恋に出会って当惑する思春期の少年少女が連想される。異なるようでいて、じつは同じ心を歌っているのかも知れない。ちぎった心の一片一片が相手の胸に降り積もり、やがては相手のなかで自分が生きていく。

もっとももこれは幸福な場合で、恋がいつも実るとは限らない。心をちぎって捧げたあとの喪失感を、人はどう生きていけばいいのか。同じ詩集に「花」という詩がある。

わたしは
わたしの人生から
出ていくことはできない

ならば　ここに
花を植えよう

34

愛は最高と最悪の往復

恋は自分の中の最高のものと
最悪のものを両方引き出す……
やたら寛大になったり
感じやすくなったりするかと思うと、
まるで鈍感になったりする。
やることが極端になるのね。

パトリシア・コーンウェル

相原真理子訳『真犯人』
(講談社文庫)

川柳作家、時実新子さんの句を二つ引く。

妻をころして　ゆらりゆらりと　訪ね来よ

花ゆさり　ゆさりあなたを　殺そうか

妻子ある男性に呼びかけている。実体験にもとづくものか、空想によるものか、作句の子細は知らない。恋人の妻か、恋人そのものか、殺意を寄せる対象は違っていても、恋人を独り占めにしたい狂おしいほどの欲求に裏打ちされていることでは共通している。

物心すべてを相手に捧げて、悔いることのない「無私」の女性がいる。相手を丸ごと独占したい、いわば「全私」の女性がいる。両者はしばしば同一人物であり、当代〝ミステリーの女王〟パトリシア・コーンウェル氏（1956〜）の考察にはうなずくところが多い。

自分の中から引き出される「最高のもの」と「最悪のもの」、二つのあいだを恋する人はジェットコースターのように登っては下り、下っては登る。ときに陽気に、ときに陰鬱に。

長くもない人生、冒険はそうたくさんはない。ジェットコースターに乗る阿呆と、地上からハラハラ見守る阿呆、同じ阿呆ならば乗らねば損々と、結論はそういうことになる。

35

仕事を恋のブレーキに

我我を恋愛から救うものは
理性よりも寧《むし》ろ多忙である。
恋愛もまた完全に行われる為《ため》には
何よりも時間を持たなければならぬ。
ウェルテル、ロミオ、トリスタン――
古来の恋人を考えて見ても、
彼等は皆閑人《ひまじん》ばかりである。

芥川龍之介

『侏儒の言葉・西方の人』
（新潮文庫）

先年物故したコピーライターの眞木準さんに、伊勢丹のポスターに使われた作品がある。

恋が着せ、愛が脱がせる

恋愛のクライマックスとは要するにこの着脱の過程をいい、そこに感情の照り曇りや駆け引きが絶え間なく挟まるから、じつにせわしない。恋愛で名を馳《は》せた人物はヒマ人ばかり、という芥川龍之介の言葉にうなずく人は多かろう。

〈惚《ほ》れている　惚《ぼ》けているのと　同じこと〉（飯塚二十一茶）という現代川柳もあるように、物思いに沈んでボーッと過ごすことも含めて恋愛とは時間を食う営みである。

仕事の多忙が恋の邪魔をする。たしかにそういう一面はあるのだが、なかには多忙を上手に利用する人もいる。意識して仕事を忙しくこなすことで、しばし相手と距離を置き、二人の関係を冷静に見つめ直す時間をもつのだという。

クルマの運転では、アクセルペダルから足を離して自然に減速させる方法を「エンジンブレーキ」という。訣別のブレーキペダルを踏めば恋は終わる。そこまでは思い切れないとき、多忙という名のエンジンブレーキで相手との車間距離を保つ。何にでも使い道はある。

36

愛と憎しみは同じもの？

愛というのは、
執着という醜いものにつけた仮りの、
美しい嘘の呼び名かと、私はよく思います。

伊藤 整

『変容』
（岩波文庫）

微生物の働きによって有機物が分解され、別の物質を生み出すことを「発酵」という。納豆、日本酒、ぬかみそ漬……と、日々その恩恵に浴している身に、発酵は感謝してしきれないものがある。現象そのものは発酵と同じでも、生まれてくるのが有害物質の場合は一般に「腐敗」と呼ばれている。

片や美しく、片や醜い。一つのものに二つの名前をつけたことでは、伊藤整（1905〜1969）の「愛」と「執着」もよく似ている。「愛」からは笑顔や思いやりが生まれ、「執着」からは嫉妬や暴力といった有害物質が生まれる。

化学作用によって醜い「執着」を元の美しい「愛」に戻すには、感情で過熱したビーカー内の温度を下げるしかない。世間ではこれを〝冷却期間〟と呼ぶ。

作家の高見順に、国語辞典の項目を男女の仲になぞらえた警句がある。

> 辞書は【あい】（愛）に始まって【わんりょく】（腕力）に終わる。

腕力というおぞましい有害物質が生まれる前に、ゆめゆめ冷却を忘れまい。

37

結婚の残酷さ

まったく、結婚というのは残酷なことだと思う。
結婚するというのがどういうことかというと、
いちばんなりたくない女に、
いちばん好きな人の前でなってしまう
ということなのだ。

江國香織
『夜の散歩道で』

『日本の名随筆〈夫婦〉』
（作品社）

中年にさしかかって結婚を決意した武骨な男（室田日出男）が、心配顔で仕事仲間に訊いた。「結婚してからだいたい何日目に女房の前でオナラをしていいもンか？」。往年の人気テレビドラマ『前略おふくろ様』（倉本聰・脚本）のひとこまである。

ドラマでは仲間たちから「バカだねえ」と茶飲み話のサカナにされるのだが、本物のオナラはともかくも、精神もしくは感情から発するオナラのほうは笑いごとで終わらない。

女性の場合ならば、口やかましさ、過度のやきもち、「仕事と私と、どちらが大事なの？」といった紋切り型の詰問に代表される独占欲などが、典型的なオナラだろう。作家の江國香織さん（1964〜）の言う「いちばんなりたくない女」もそのあたりに違いない。

男性は男性で、都合の悪い会話を「ウルサイ」の一語で打ち切る習性をはじめとして、みずから鼻をつまみたくなるようなオナラを朝となく夜となく放っている。

ありがたい法話を聞かせてくれる高僧も、オナラをひとつしただけで威厳が台無しになってしまう。ことわざに言う〈百日の説法、屁ひとつ〉だが、百年の恋も感情のオナラひとつで冷めてしまうことを思えば、結婚とはたしかに残酷なものかも知れない。

自分の放つオナラであれ、相手の放つオナラであれ、においに慣れて鼻はいずれバカになる。知恵のない解決法ながら、救いといえば救いである。

38

結婚後の失恋

人はしばしば結婚してから失恋するものである。

亀井勝一郎

『青春論』
(角川文庫)

数年前、作詞家の阿久悠さんが70歳で亡くなったときである。お別れの会で会場に掲げられていた阿久さんの詩を書き留めて帰った。〈夢は砕けて夢と知り／愛は破れて愛と知り／時は流れて時と知り／友は別れて友と知り〉という。

夢が砕け散ったあとになって、ああ、あれは夢だったのかと気づく。砕け散る前は、その夢がすでに叶《かな》えられて現実になったかのように錯覚しがちである。

評論家の亀井勝一郎（1907～1966）が語る結婚論も、阿久さんの詩に通じるところがある。「この人には、こんな一面があったのか」と、彼もしくは彼女に幻滅することはそうめずらしくない。幻想は砕けて幻想と知り……結婚してからの失恋である。

〈結婚とは恋愛が美しい誤解であったことへの惨憺たる理解である。結婚は恋愛への刑罰である〉

何もそこまで言わずとも、と思うほどに、亀井の文章は辛辣を極めている。それでは読んでいて心が塞《ふさ》ぐか、といえば逆で、おしどり夫婦の臆面もない褒め合いなどを聞かされているよりは、ずっと気持ちが軽くなったように感じられるから不思議である。

人を勇気づけ、奮い立たせるばかりが名言ではない。どこかに、あなたよりもっとかわいそうなお仲間がいる。そう言って、慰めてくれる名言もある。

39

片想いこそ極上の恋

戀《こい》の至極は忍戀《しのぶこい》と見立て候《そうろう》

『葉隠』

『葉隠（上）』
（岩波文庫）

正式には『葉隠聞書』、武士道のあるべき姿と侍の心構えを記した江戸前期の書物である。佐賀鍋島藩士・山本常朝（1659〜1719）の談話を筆録したもので、〈武士道と云《いう》は死ぬ事と見付けたり〉に代表される尚武の思想で全編が貫かれている。色恋を取り上げたくだりは異色のように見えるが、主君に対する忠誠も、見返りを求めることなく一心に相手を思うことでは片想いの恋心と同じだと説いており、やはり武士道論の枠内にある。

極上の恋とは胸に秘めた片想いのことだ、と述べた文章は以下のようにつづく。

逢ひてからは戀のたけが低し、一生忍んで思ひ死する事こそ戀の本意なれ。

「戀のたけ」とは品格のことらしい。思春期を顧みれば、なるほど、あのころの片想いほど一途に人を恋うた経験は後にも先にも記憶にないのはたしかだが、だからといって「一生忍んで思ひ死」する恋をするのはなかなかつらいものがある。

納得はしないし、進んでは実行もしない。やむを得ず苦しい片想いに身を置かねばならない状況に立ち至った折にだけ、苦しいときの神頼みならぬ「苦しいときの葉隠」で、その一節を折れそうな気持ちの支えに使わせてもらおう。ご都合主義も、ときに知恵の内である。

40

世をはばかる花のように……

恋で落ちぶれ暮らそとままよ
さがりながらも藤は咲く

俗謡

湯朝観明編『風流俗謡集』
(聚英閣)

人から後ろ指をさされる恋をして、世間を狭くしちまったよ。なあに、かまうものか。お天道さまに向かって咲くだけが花じゃないさ。藤棚の花房をごらん。世をはばかるようにうつむいて、それでもけなげに咲いているじゃないか。

歌のように生きた人に、イギリス国王エドワード8世がいる。独身の国王は2度の離婚歴があるウォリス・シンプソン夫人と恋に落ち、結婚を決意する。離婚歴のある女性はイギリス国教会の首長たる国王の妃《きさき》になれないとの理由から、政府はこの結婚に猛反対し、世論もそれにくみした。国王は退位して恋を貫く。世に言う「王冠を賭けた恋」は1936年、国王ときに42歳、シンプソン夫人は40歳である。

王冠はともかくも、職場での地位や人間関係を犠牲にする人はいまもいる。色恋の道に正も邪もない。添うも、別れるも、こればかりは当人たちの心ひとつだろう。

柳家三亀松が高座でよく唄った都々逸を贈り、これから手に手を取ってどこかの日陰に咲こうとしている藤の花へはなむけとする。

目から火の出る所帯を持てど
火事さえ出さなきゃ水入らず

41

夫婦喧嘩の秘訣

夫婦喧嘩は、
安ものの瀬戸物を打ちこわすにかぎる。

夏目漱石

紀田順一郎『コラムの饗宴』
（実業之日本社）

ご本人も実践していたのかどうかはわからない。結婚してまだ日の浅い、若い作家に夏目漱石（1867〜1916）が伝授した夫婦喧嘩のコツという。

「女は理屈では屈服しないし、殴っても駄目。少々痛いくらいは平気だし、こたえるほどに殴るには、こっちが非力だから息が続かない」「安ものの瀬戸物は大げさな音を立ててみじんに砕けるから、こっちのカンシャクは晴れるし、女は欲だけ深いから、音の効果におびえて、これでは所帯がたまらぬと閉口するのサ……」と続く。

夫婦喧嘩で逆に夫のほうが閉口させられた例では、岡倉天心の場合がある。東京帝大に学びつつ学生結婚をしたが、夫人は気性の激しい人であったらしい。

夫婦喧嘩になり、天心が苦心して書き上げた卒業論文「国家論」をビリビリに裂いて捨ててしまった。天心は仕方なく2週間のやっつけ仕事で「美術論」をまとめ、提出期限に間に合わせた。のちに日本美術院を創設して美術の道に偉才を発揮する天心の人生コースは、ここで定まったと伝えられるから、夫婦喧嘩もそう捨てたものではない。

「弱い者いじめをするな」

文壇の伝説によれば、作家の故・遠藤周作氏は夫婦喧嘩をするたび、夫人に向かってそう訴えたという。コツもいろいろである。

42

女が残酷になれるとき

愛してもいない男に言い寄られるときほど、
女が残酷になれることはない。

サマセット・モーム

行方昭夫訳『月と六ペンス』
（岩波文庫）

作家として立つ前、サマセット・モーム（1874〜1965）は医者をしていた。人間性を学ぶ上で大いに役立ったと、エッセイ集『サミング・アップ』（岩波文庫）で回想している。〈作家にとって、数年間、医学関係の仕事をするほど、すぐれた訓練があるとは思えない〉

恋は、お釈迦さまでも草津の湯でも治らない難治の病と言われる。掲出の洞察も、医者として人間性を学ぶなかから生まれたものか。いくらか似た内容を唄った俗謡が日本にもある。〈いやなお方の親切よりも　好きなお方の無理がよい〉

親切にしてやって、残酷な仕打ちを受けて、愛されていない男ほど哀しい存在はない。女から残酷な扱いを受けたときにうたえる歌を一つ挙げておく。国語学者の金田一春彦氏が高校生のときに作詞・作曲した『浦和高等学校自治寮音頭』という。

♪　チャチな恋をして傷つく奴は
　牛に蹴られて　猫に噛まれて　死ねばよい

この歌詞には「不適切」との評価がくだり、曲はそのままで、〈♪　春の武蔵野若葉の蔭に／男の子歌うよホラ朗らかに〉という健全な内容に改変されたそうである。

43

極楽に異性がいない理由

女の行く極楽に男はおらんぞ。
男の行く極楽に女はいない。

泉 鏡花

『海神別荘 他二篇』
（岩波文庫）

〈♪　天国よいとこ一度はおいで／酒はうまいし、ねえちゃんはきれいだ〉

交通事故で死に、天国へ旅立った男を歌うザ・フォーク・クルセダーズ「帰って来たヨッパライ」（詞・ザ・フォーク・パロディ・ギャング、曲・加藤和彦）の一節にある。

泉鏡花（1873～1939）によれば、歌とは違って極楽に「ねえちゃん」はいないらしい。竜宮城の別荘で、海神の貴公子がつぶやく言葉。恋慕の情は常に憎しみと裏表であり、極楽に憎しみが存在しない以上、甘い恋だけが存在するはずもなく、極楽が銭湯のごとく男女別に分かれていたとしてもそう不思議なことではない。

堀口大學に「なげき」と題された詩がある。


愛せらるるは薔薇の花。

愛することは薔薇の棘《とげ》。


以下、〈花はあまりに散り易し／棘はあまりに身に痛し〉とつづく。愛されるのは長続きがしないし、愛するのは痛いし、男女の仲はつらいことばかりである。それでも極楽で異性に接する機会がないのなら、この世でせいぜい棘に刺されておくに限る。

5章 家族がいれば大丈夫

44

金メダルは５番目の喜び

生きてきた人生のなかで五番目にうれしい。
子供が四人いるので。

伊藤智也

「五輪特集」
（2008 年 9 月 18 日、読売新聞）

駅で人を待っているとき、あるいは交差点で信号待ちをしているとき、信仰の誘いを受けたことが何度かある。たいていは、「あなたは今、幸せですか」といった問いから始まる。不思議なのは、そう尋ねている当人がこちらの目にはあまり幸せそうに映らないことである。もっと生き生きと、満ち足りた様子をしていれば、ことさらに勧誘などはしなくても入信の希望者は列をなすだろうにと、いつも思う。

いわゆる少子化対策も同じことに違いない。「もっと子供を産んでください」と声をからすよりも、子をもつ親が幸せな笑顔を振りまくことのほうが、ずっと効果があるだろう。

2008年の北京パラリンピックで車いす男子400メートル、800メートルの2冠に輝いた伊藤智也選手（1963〜）が、金メダルを手にした感想を問われて語った言葉。4人の子供が生まれたときが人生最高の瞬間で、金メダルは5番目の幸福にすぎない、と。

同じ年、パラリンピックに先立って開催された北京オリンピックでは、水泳の男子100メートル平泳ぎを世界新記録で制した北島康介選手が喉から絞り出すような涙声で「なんもいえねえ」と金メダルの喜びを語っている。流行語にもなった名セリフだが、記憶に残るということでは伊藤選手の言葉も北島語録に負けていない。

子煩悩の歌人、『万葉集』の山上憶良を彷彿《ほうふつ》とさせる子供賛歌の絶唱である。

45

妻へ感謝を告げる方法

家内には二つの大きな欠点があります。
一つは、三十年前に私がプロポーズしたときに、
即座にイエスと言った軽率さ。
二つ目は、その後三十年間、
こんな私に黙ってついて来た愚かさです。

ウィンストン・チャーチル

三遊亭圓楽『圓楽 芸談 しゃれ噺』
(白夜書房)

英国の政治家には、機知に富む話術の名手が少なくない。

第1次大戦当時の首相ロイド・ジョージは議会で、ある女性議員に噛みつかれた。

「私があなたの奥さんだったら、あなたの飲む紅茶のなかに毒を入れたい」

首相は静かに答えたという。

「もし私があなたのご亭主だったら、よろこんでその紅茶を飲むでしょうな」

掲出の言葉は、第2次大戦時に首相を務めたウィンストン・チャーチル（1874〜1965）が結婚30年を祝うパーティーで披露したスピーチの一節。

三省堂の『新明解国語辞典』（第六版）は「のろける」を定義して言う。

【のろける（惚気る）】妻（夫・愛人）との間にあった（つまらない）事を他人にうれしそうに話す。

本来は「つまらない」のろけを、名言に仕立てて聴かせてしまうところが達人の芸だろう。

結婚生活は、毒を盛られたら喜んで飲んでしまいたい衝動の連続である。ロイド・ジョージを経てチャーチルに行き着けたなら、それだけで幸せな人生と言わねばならない。

46

子育ての本質

子育てって、結局そういうことなのよ。
子供に代わって闘うことじゃない。
子供が自分で闘っていくための準備を
整えてやることなの。

ジェフリー・ディーヴァー

池田真紀子訳『ロードサイド・クロス』
（文藝春秋）

谷川俊太郎さんに「あわてなさんな」と題する詩がある。その一節。

〈花をあげようと父親は云《い》う／種子が欲しいんだと息子は呟《つぶや》く／翼をあげるわと母親は云う／空が要るんだと息子は目を伏せる……〉

親は、いつかは死ぬ。花をもらっていた子は途方にくれ、種子をもらっていた子はみずからの手で花を咲かせることができる。ジェフリー・ディーヴァー（1950〜）の作中人物が語る子育て論も、花と種子に置き換えることができるだろう。

可愛い我が子に旅させ親御　憂いも辛《つら》いも旅で知る

臼《うす》挽《ひ》き歌の文句にもあるように、昔の人は一人旅をさせることで「種子」を子供に与えてきた。旅が安全で快適な娯楽になった現代においては、その手も使えない。諸事万般かゆいところに手が届く花だらけの世の中は、子育てがかえってむずかしいようである。

家族の思い出をたくさんこしらえてやり、子供がいつか困難に直面する日に備えて、胸の奥から取り出せる「記憶」という名の疲労回復剤を用意してやる。愛されたという記憶にまさる種子はないのかも知れない。

47

女房はつらいよ

夜は　蚤《のみ》と蚊に責められ　晝《ひる》は　兒《こ》に責められ
半時も　樂樂と　氣は　持ち難し
浴衣の　洗濯も　糊附物《のりつけもの》も
水汲も　飯焚《めしたき》も　皆　是《こ》れ　私

夜責蚤蚊晝責兒
半時樂樂氣難持
浴衣洗濯糊附物
水汲飯焚皆是私

方外道人
「嬶嬶述懐」

『日本古典文学大系 89　五山文学集　江戸漢詩集』
（岩波書店）

夜はノミに喰われるわ、蚊に喰われるわ、昼は昼でガキがギャーギャー泣くわ、これでどうやって毎日を楽しめって言うのサ。洗濯も水汲みも飯炊きも、やるのはミ〜ンナ私じゃないのよ……という女房のボヤキである。

東京堂出版『江戸川柳辞典』から古川柳をひとつ。

薪水《しんすい》の　労をたすける　馬鹿亭主

同じ江戸期の文芸でも、こちらは男性の目から見た家事を取り上げている。水汲みや飯炊きを手伝う亭主が馬鹿よばわりされているところをみると、亭主関白の昔には男の沽券《こけん》にかかわる事柄であったらしい。家事のすべてを受け持たされる女房族はもちろん大変だが、仲間の悪評と女房のボヤキで板挟みになる亭主族のほうも、そう楽ではなかったろう。

現代を舞台にしたD・M・ディヴァインのミステリー小説『悪魔はすぐそこに』（山田蘭訳、創元推理文庫）に、以下の一節がある。〈口では男女平等などと調子のいいことを唱えてはいても、それを自明の理としてふるまう女が出てくると、男は腹を立てるものなのだ〉。

その分野では本家筋にあたる西欧でも、男女共同参画はなお道半ばのようである。

48

かくも深い親心

僕が母のことを考えている時間よりも
母が僕のことを考えている時間の方が
きっと長いと思う

NTTお祝い電報の広告

『秀作ネーミング事典』
(日本実業出版社)

山上憶良は『万葉集』に収められた長歌で語っている。

瓜食《うりは》めば　子ども思ほゆ
栗食めば　まして偲《しの》はゆ

（巻五・八〇二）

おいしいな。うちの子にやれば、どんな顔をして食べるだろう。瓜を食べると、子供のことが思い出される。栗を食べると、ますます気にかかって仕方がない……。

ある席で「憶良の子煩悩はすごいものだなあ」と感心したところ、子を持つ女性から「閑吟集の歌をご存じでしょう？」と、やんわり疑問を呈《てい》された。室町時代の歌謡集である。

思ひだすとは　忘るるか　思ひださずや　忘れねば

憶良のように子供のことを思い出すようでは、思いがまだ足りない。片時も忘れない親にはそもそも、「思い出す」行為はないのだという。上には上がある。

49

カッコイイおとうちゃん

おとうちゃんは
カッコイイなあ
ぼく　おとうちゃんに
にてるよね
大きくなると
もっとにてくる？
ぼくも
おとうちゃんみたいに
はげるといいなぁ

小沢たかゆき（栃木県・小学校一年）
「お父ちゃん大好き」

「こどもの詩」
（1987年6月25日、読売新聞）

子供が成長するにつれて自分に似てくることを、うれしいような、さびしいような、親は多少なりとも複雑な目で見つめている。

俺に似よ　俺に似るなと　子をおもい　　麻生路郎

性癖の嫌なところ、損をしているところ、自分の欠陥は自分自身がよく承知している。どれもがいわば苦悩の種子であり、わが子に引き継ぎたくないのが親心だろう。

その親にも
親の親にも似るなかれ――
かく汝《な》が父は思へるぞ子よ　　石川啄木

とはいえ、子供から「似たいよ、もっと似たいよ」といわれて喜ばぬ親はいない。こういう詩を書かれたら、抱きしめて、抱きしめて、抱きしめて、あとはさて、どうしよう。たかゆき君も30の坂を越えたはずである。髪の具合は似てきただろうか。

50

子供のおきて

子どもというものは、そうそう、
人間のオキテばかりできめつけるわけにいかん
もんでなあ……。
子どもには、いわばまだ生まれてくるまえの国、
神様の国の規則をあてはめてみなくちゃならん
ところが、たくさんあるのでなあ……。

石井桃子

『ノンちゃん雲に乗る』
（角川文庫）

教師の知人からずいぶん昔に聞いて感心した話がある。

幼い子供が二人、原っぱで遊んでいた。一人が誤って穴に落ちてしまう。もう一人の子は家に駆け戻り、大人の助けを求めた。

「××ちゃんが高い穴に落ちちゃったよ！」

深い穴、ではない。高い穴、である。知人いわく、助けを求めた子は穴を上から見下ろすのではなく、友だちと一緒に穴の底にいる気持ちでいたから「高い穴」になったのだろう、と。大人にはない心の働きが、たしかに子供にはある。

掲出のセリフは児童文学者、石井桃子さん（1907〜2008）の代表作より。雲の上に昇ったノンちゃんは、白いヒゲの不思議なおじいさんに出会う。いたずらっ子の兄が父親に叱《しか》られたことを話すノンちゃんに、おじいさんが語って聞かせた言葉。

日本では昔から、「七つ前は神様」と言い習わしてきた。幼児は7歳までは神様の庇護《ひご》下にあり、何をしてもバチは当たらないという。七つの祝いに天神様に詣《もう》でる子供が「行きはよいよい」なのに「帰りはこわい」のも、帰り道ではもはや神様の庇護が望めないからである。おじいさんのセリフに通じるだろう。

「高い穴」も、神様のそばにいない大人には思いつかない表現である。

51

親孝行は５歳まで

誰でも、生れた時から五つの年齢までの、
あの可愛らしさで、
たっぷり一生分の親孝行はすんでいるのさ。
五つまでの可愛さでな。

岩崎老人

安部譲二『塀の中の懲りない面々』
（文藝春秋）

すぎもとまさと氏が歌って中年男性族の共感を呼んだ『吾亦紅《われもこう》』（詞・ちあき哲也、曲・杉本眞人）という歌がある。中年男が墓参りをして亡き母に生前の親不孝を詫び、もうじき離婚することになった身の上を墓前に報告する歌である。〈♪　髪に白髪《しらが》が混じり始めても俺　死ぬまであなたの子供〉と、結ばれている。

親が子を思う心は「永遠の片想い」であるという。片想いをさせてきたことに気づき、両想いに切り替えようとしたときには、親はもういない。墓前にたたずめば、人は誰もが親不孝な息子であり、娘であろう。

安部譲二氏（1937〜）が「塀の中」にいたとき、親不孝の身を省みて心の沈む時間があったという。口には出さない安部さんの鬱屈に気づいてか、岩崎老人という受刑者が慰めるように語って聞かせた風変わりな親孝行論。

5歳までの可愛さを、20歳になるまでの不行跡で帳消しにしてしまう子供は、世間にいくらもいる。したがって、あまり当てにならない説ではあるのだが、知っておいて損はあるまい。

親を泣かせた記憶がチクリと胸を刺す夜更けに読み返すとき、「そう気にすることはないんだぜ」と、岩崎老人がやさしく肩を叩いてくれるはずである。

52

子供が行き着く果て

子供叱るな　来た道じゃ
老人笑うな　行く道じゃ

作者不詳

時田昌瑞『岩波ことわざ辞典』
（岩波書店）

数ある「ことわざ辞典」のなかで、時田昌瑞著『岩波ことわざ辞典』(岩波書店)は編集に個性があり、収録の幅が広く、読んでいて面白い。かつて漫才コンビ・ツービートがギャグとして流行させた〈赤信号みんなで渡れば怖くない〉も収められている。

掲出のことわざ(?)も、そのひとつ。愛知県犬山市の掲示板に貼ってあったビラの言葉を永六輔さんが自著で紹介したことから知られるようになった、と説明にある。

子供が一家に4人も5人もいてめずらしくなかった昔は、親もてんてこ舞いで気が立っていただろう。小さな悪戯《いたずら》でもこっぴどく叱られる子供がよくいた。少子化のいまは、よほど危険な悪戯でない限り、いちいち叱りつける親はいない。列車内を騒々しく駆けまわる我が子を、気にも留めない親などに閉口させられることの多い昨今である。ことわざはこれから「来た道」ではなく、もっぱら「行く道」のほうで記憶されていくのかも知れない。

遠からず老人ホームにあしたのジョー、おそ松くんら氾濫《はんらん》すべし

コピーライター吉竹純氏の歌集『過去未来』(河出書房新社)に収められた一首だが、団塊の世代を待つ「行く道」には混雑と渋滞が予想される。たしかに笑い事ではない。

53

亡き子を思う

湯ざめするまで　お前と話そ　夢に来《こ》よ

麻生路郎

田辺聖子『川柳でんでん太鼓』
（講談社文庫）

大関・若三杉に横綱昇進を伝えるべく、日本相撲協会の使者が二子山部屋を訪問した。1978年のことである。後援会の関係者に加えて、報道陣も大挙して詰めかける。誰もが1階の大広間を使うものと思っていたところ、二子山親方（初代若乃花、花田勝治氏）が狭い2階の一室に使者を招じ入れたので、一同は首をひねった。

狭い部屋には観世音像が祀《まつ》ってある。花田氏は22年前、ちゃんこ鍋がひっくり返る事故で幼い息子を亡くしている。弟子が横綱になる。親方としての晴れ姿を息子の観世音像に見せてやりたい、その親心であったことを人々はあとで知った。

子を亡くした親の悲しみは、歳月をいくら積み重ねようとも常に頭を離れぬ現実であって、アルバムを飾る思い出に変わることはない。

川柳作家の麻生路郎（1888〜1965）も、小学生の長男を病気で亡くしている。息子に語りかけた句を、さらに二つ引く。

お父さんはネ　覚束《おぼつか》なくも　生きている

お前がいたらと思い出すと煙草ばかり喫《す》う

54

最期の3日は家族とともに

「いのち」の終りに三日下さい。
母とひなかざり。
貴男《あなた》と観覧車に。
子供達に茶碗蒸しを。

下元政代（高知県・五十一歳・書塾）

丸岡町文化振興事業団編『日本一短い手紙　大切ないのち』
（中央経済社）

初期プロレタリア文学を代表する作家に葉山嘉樹がいる。長編小説『海に生くる人々』は横浜と室蘭を結ぶ航路の石炭船が舞台である。水夫の主人公は海に落ちて死にかけたとき、溺れていくなかで「死ぬには二年早すぎる」と咄嗟《とっさ》に思う。

〈死ぬのには、人間は何歳になっても二年早すぎるのだ……〉

そうかも知れない。あと2年だけ生きたいと願う。その2年が過ぎれば死ぬ準備が調《ととの》うかというと、そういうことにはならなくて、もう2年だけは生きたいと、また願う。いくつまで生きても、「もはや思い残すことはない」境地には至らないのが人間だろう。

2年ではなくて3日、ささやかな願いである。その3日が過ぎればまた、もう3日が欲しくなるにしても、命の終わりにもらう3日の自由時間をどう過ごすか、考えてみることは無意味ではあるまい。自分にとってほんとうに大切なものが何であるのかを教えてくれる。

不意といふ　こと美しき　流れ星　最晩年は　明日かも知れぬ　小林雅典

（2009年1月19日、読売新聞「読売歌壇」）

震災以降、ささやかな3日の自由時間でさえ贅沢な望みになりつつある。

6章

仕事の本質をつかんだ言葉たち

55

練習の心得、本番の心得

稽古のあいだは大根役者と思え。
舞台にあがったら千両役者と思え。

舞台人の口伝

『徳川夢聲の世界』
（深夜叢書社）

女性の舞踊家に吾妻徳穂《あづまとくほ》がいる。吾妻流の家元で日本芸術院の会員になり、文化功労者にも認定された人である。作家の有吉佐和子と親交を結んだ。

あすは舞台の初日という晩、有吉は徳穂の家に泊まったことがある。真夜中、床を並べて寝ていた徳穂が突然ガバッと起き上がり、「有吉さん、テープ、テープ！」と叫んだ。有吉が寝ぼけまなこでテープレコーダーを回すと、徳穂は寝巻のまま踊り出す。「ああ、踊れた」。そう言ってまた寝たという。名人上手とうたわれた人にして、かくの如《ごと》し。名人上手とうたわれた人ゆえに、かくの如し、と言うべきか。

掲出の格言は、有吉が徳川夢聲との対談で徳穂のエピソードをあれこれと語りつつ引用したもの。

格言のあてはまる挿話は、越路吹雪にもある。浅利慶太氏の著書『時の光の中で』（文藝春秋）によれば彼女は、初日の開演前にはきまって舞台の袖でガタガタ震えだしたという。〈そして音楽が始まり幕が開く。袖からコーちゃんが舞台中央に出ていく。今の今まで恐怖におののいていたのに、この瞬間女王になる。本当に不思議な人だった〉とある。

凡人の場合は逆だろう。千両役者になったつもりで稽古中は上の空、本番の舞台で無残にも大根役者の本領を発揮する人が少なくない。

56

どれほどの覚悟を持てるか

主張と収入の和は一定である。

渡辺和博

『金魂巻』
（主婦の友社）

詩人の草野心平は25歳のころ、アルバイトの口を探して毎日、職業紹介所に通った。家には飯を食う卓袱台《ちゃぶだい》もない。本1冊ない。冬、井戸の水は凍る。バケツを買う金もなく、一升瓶を持って近所の公園に水汲みに出かけるのを日課にした。

食べる米がなくなり、ただ同業であるということを頼りに、面識もない宮沢賢治に宛てて「コメ一ピョウ、タノム」と電報を打ち、丁重に断られたこともある。

そういう生活のなかで第一詩集『第百階級』は編まれている。定価1円。3冊の注文があった。うち1冊は高村光太郎からで、高村は10円を代金として送ってきた。〈今から考えても若い無名の処女詩集といえども、3冊しか売れなかったのは、おそらくないだろうと思います〉。心平は自著『私の中の流星群』（新潮社）で回想している。

好きな道は、食えない。編集者にしてイラストレーター、エッセイストでもあった渡辺和博氏（1950〜2007）の定理は、そのことを端的に表現している。心平にあてはめれば、詩人たらんとする「主張」ほぼ10割、「収入」ほぼゼロ割となる。

貧乏神を生涯の伴侶とし、火宅を終《つい》の棲《す》み処《か》とする。その覚悟を誰もが持てるわけではないし、持つことの幸不幸すら判断がつかないが、今は亡きあの人この人を思い浮かべてみるとき、覚悟を持てた人の後ろ姿はどれも眩《まぶ》しい。

57

昇進の法則

ほら、何て言ったっけ？
組織では、人は不幸を感じるレベルまで
かならず昇進するって法則。

ジェフリー・ディーヴァー

池田真紀子訳『ロードサイド・クロス』
（文藝春秋）

「官打」という言葉がある。「かんうち」と読む。小学館の『日本国語大辞典』には、〈官職の位が高くなりすぎて負担が重くなり、かえって不幸な目にあうこと〉と説明がある。「官打にする」と言えば、災禍をもたらす目的でその人物を重職に用いることを指す。

花形のポストに抜擢されて同期入社組などからうらやましがられながらも、その仕事で致命的な失策をしでかし、あるいは重圧に耐えかねて心身を病み、表舞台から去っていった人の実例は、どこの組織にもあるだろう。栄進が幸福を招くとは限らない。

ジェフリー・ディーヴァーの作中人物が語る法則は、創案者であるカナダの教育学者ローレンス・ピーターの名をとって「ピーターの法則」と呼ばれている。

不幸を感じるレベルまでは必ず昇進するということは、いかなる昇進もすべて不幸に行き着くわけで、身もフタもない法則ではあるが、会社勤めにある程度の年季を積んだ人のなかには、うなずく向きも多いはずである。

昇進競争が「不幸」行きの列車であるならば、特急ではなく鈍行で、車窓の風景を楽しみながら旅をするのも一つの選択に違いない。古い道歌を引く。

笛吹かず　太鼓叩かず　獅子舞の　後足《あとあし》となる　胸の安さよ

58

巨匠の教訓

酷《きび》しい条件の下では、
一時間は二時間にも三時間にも感じる。
しかし、酷しい条件がそう感じさせるだけで、
一時間の仕事は一時間分の仕事である事に
変りはない。
以後、私は、酷しい条件下では、
もう充分だと思っても、その後、
それまでの三倍はねばる事にしている。
やっとそれで充分なのだ。

黒澤 明

『蝦蟇の油 自伝のようなもの』
（岩波現代文庫）

映画『姿三四郎』（1943年）は、黒澤明氏（1910～1998）の監督デビュー作である。映画のクライマックスをなす三四郎（藤田進）と檜垣源之助（月形龍之介）の「右京ヶ原の決闘」は、箱根の仙石原で撮影された。

想像を絶する烈風であったという。決闘シーンを不穏に彩る風そのものは歓迎すべきものであったが、天佑ともいうべきその風を映像として万全に使い切ることができなかったことを、黒澤氏は掲出の著書で悔《く》いている。〈私は、強風の中で、もう充分に撮ったと思ったのに、編集の時に見ると充分どころか、撮り足りないところが沢山《たくさん》あった〉と。

大正時代、相対性理論のアインシュタイン博士が来日したときに歌われた俗謡がある。

♪　惚れて通えば千里が一里　ぬしを待つ間のこの長さ　おやまあ相対性ですね

恋しい人を待つ時間は長く感じられ、その人と過ごす時間は短く感じられる。同じだけの時間が置かれた状況によって長短さまざまに感じられる不思議な感覚は、誰しも経験があろう。後年〝完璧主義者〟の名をほしいままにした黒澤氏でさえ、若気の至りでその錯覚に惑わされた。過酷な条件下の仕事は普段の3倍ねばる。巨匠の残した教訓である。

59

勝ちパターンの落とし穴

仕内《しうち》が三度続いて当ると、
その役者は下手に成《なる》ものなりと、
若き衆へ申されし。
当りたる格を外すまいとするゆゑ、
仕内に古びがつくと見えたり。
（演技が三回続けて好評を得た役者は
下手になる。若い者たちにそう語った。
当たった芸の型を守ろうとして演技が古び、
いきいきしたところがなくなるのだ、と＝拙訳）

芸談集『あやめぐさ』

守随憲治『役者論語』
（東京大学出版会）

将棋の大山康晴十五世名人は語ったという。

「得意の手があるようじゃ、素人です。玄人には得意の手はありません」

名人の言う「得意の手」を言い換えれば、自分なりの型ということになろう。

プロ野球でも、先発―中継ぎ―クローザー（守護神と呼ばれることが多い）の投手リレーは「勝利の方程式」「勝ちパターン」などと呼ばれるが、これも得意の手にほかならない。調子の良い先発投手を続投させれば勝てたものを、勝ちパターンにこだわった継投で逆転負けを喫したゲームは、毎年いくつも見受けられる。型ほどむずかしいものはない。

初代芳澤あやめ（1673〜1729）は、江戸期に大阪で活躍した女形の歌舞伎役者。彼の芸談を、狂言作者・福岡彌五四郎が口述したものが芸談集『あやめぐさ』である。型へのこだわりを戒めた掲出の言葉のほかに、「女形は楽屋にいても女の心を持つべし。弁当は人のいないほうを向いて食べろ」「女形は女房がいることを隠せ。会話の話題に自分の女房のことが出て来たら、顔を赤らめるくらいでなければいけない」といった教えも残している。

「経営とは、うまくやっている間に変身を図ることだ」と語ったのは米国の経済学者レスター・サロー氏だが、将棋といわず、芝居といわず、経営といわず、同種の戒めが各分野にあるのは面白い。勝ちパターンの落とし穴に泣いた人が、それだけ多いということか。

60

プロの仕事術

瞬間風速を追うのはプロではない。

堀 威夫

『ホリプロとともに30年 いつだって青春』
（東洋経済新報社）

歌手の和田アキ子さんがデビューしたのは、「コント55号」（萩本欽一・坂上二郎）が人気の絶頂を極めようとしていた時期である。ふたりをレギュラーに起用した新番組がテレビ各局で続々と企画され、そのいくつかから「和田アキ子を一緒にどうか」という誘いが、和田さんの所属するホリプロに舞いこんだ。

芸能プロダクションとしては、新人タレントがテレビに露出する機会は、喉《のど》から手が出るほど欲しい。事実、ホリプロ内の現場レベルでは、持ちかけられた話に乗り気でいた。

ホリプロの創業者である堀威夫氏（１９３２～）は、これらの共演話をすべて断ってしまう。ハプニングから笑いを引き出すコント55号の芸風に、サービス精神の旺盛な和田さんの個性が結びついたとき、何が起きるのか予測がつかなかったからだという。

予測不能のおもしろさは視聴者のものであり、タレントを預かってその将来に責任をもつ芸能事務所が目指すものではなかったのだろう。

掲出の言葉は、当時を顧みて語ったもの。判断が正解であったかどうか〈今もって定かではない〉と堀氏は書いている。瞬間風速を極限まで追い求めたコント55号がほどなくして解散し、和田さんが芸能生活40年を超えて今もなお第一線で活躍していることを思うとき、判断の是非は歳月が答えを出してくれたようである。

61

「やり甲斐がない」と嘆く前に

世の中、やり甲斐《がい》がぎっしりつまった仕事なんて、百万に一つよ。

公平な職場なんてものもありゃあしねえ。

大半は意味のねえ苦労や、やり甲斐のねえポスト、自分には不向きの仕事なんてもんでいっぱいなんだ。

だからといって、次々やめてりゃあ、一生やめて歩かなきゃならねえ。

山田太一

『ふぞろいの林檎たちⅡ』

（大和書房）

山田太一氏（1934〜）の脚本によるテレビドラマ『ふぞろいの林檎たち』第2シリーズより。複数の中小企業から新入社員を集めて研修をほどこす施設のひとこまである。

研修生のなかに主人公グループの一人、実（柳沢慎吾）もいる。運動場で走らされたり、踊らされたりの課程にうんざりし、トイレ休憩でつい「やっちゃいられねえよ。こんな研修が、どう役に立つってんだよ」とボヤいたところを、指導官に聞かれてしまった。

懲罰のために実を教室の前に立たせ、研修の指導官が言う。

「その通りだ。こんな研修は、販売、セールス、営業に、なんの役にも立たねえ。しかしお前らはな、なんの役にも立たねえこと、なんの意味もねえようなことに全力をつくせる人間になるんだッ」。以下、掲出のセリフがつづく。

いちいちもっともである。やり甲斐がつまっていて、毎日の仕事が楽しくて仕方がない人は世に稀《まれ》だろう。だからといって人は、指導官の説教ひとつで黙々と働けるほど、ものわかりがよく生まれついてもいない。愚痴が出る。ときに怒りもわく。2011年、80歳で死去した歌人、石田比呂志氏に一首がある。岡井隆『現代百人一首』（朝日文芸文庫）より。

〈職業に　貴賤あらず〉と　嘘を言うな　耐え苦しみて　吾《われ》は働く

62

自分の存在感を疑え

自分が企業にとって必要だと思ったときから、
企業はその男を必要としなくなる。

雇用の格言（作者不詳）

草柳大蔵『実録満鉄調査部 下巻』
（朝日文庫）

郡司利男編『英和笑辞典』（研究社出版）から、「cemetery」（墓場）の項を引く。

【cemetery】（墓場）　自分がいなくては世の中はどうにもなるまいと思っていた人たちが集まっている所。

「余人をもって代えがたい」だの「わが社の大黒柱」だのとお世辞を言われているうち、本人もその気になってくる。「おれがいなけりゃ、ウチの会社なんざ、1日だって仕事になりゃしねえ」。威勢のいいセリフは、焼鳥屋に小一時間もいれば耳にすることができる。

そういう自称「大物」が退職すると、会社の仕事が立ち往生するかといえば、そんなことはない。オレサマ然とした人がいなくなって、むしろ以前よりも能率が上がったり、風通しがよくなったり、掲出の格言はほろ苦くも一面の真理を突いている。

サラリーマン川柳の優秀作にあったように、在職中に「何故《なぜ》だろう」と疑問を抱いた人は、まだしも病が軽いと言わねばなるまい。『「サラ川」傑作選すごろく』（講談社）より。

何故だろう　私がいないと　うまくいく

63

思いきり自分を投げ出せ

新人が、すぐれた監督になるかならないか、それはだれもわからないのだし、私のしったことでもない。

もし、一〇年も助監督をやって、監督になれなかったとしても、やりたいことを一直線にすすんだのだから、本人に悔いはないはずである。思いきり自分を投げだすことができれば、それが仕合わせなのである。

監督になるか、ならないか、それは外のことであって、内側で大事なことは、するか、しないか、である。

新藤兼人

『フィルムの裏側で』
（未來社）

名前をもじった愛称がある。メロドラマの巨匠、成瀬巳喜男はやるせない抒情の薫る作風で「ヤルセナキオ」と呼ばれた。同じ映画監督の愛称でも「シンドイカネト」と聞けば、一点の妥協も甘えも許さぬ厳しさが伝わってくる。

新藤兼人氏（1912〜2012）の人間像を雄弁に物語るのは、自身が中心メンバーとなって設立した独立プロダクション「近代映画協会」が経営難に陥った際の、身の処し方である。少しでも集客力のある映画をつくって、組織の立て直しを図りたいと考えるのが普通だろう。新藤氏の場合はその逆で、こういう映画をつくりたいと自分が念じていた映画を、しかも途方もなく非商業的な映画を最後につくり、近代映画協会を解散しようと覚悟を決める。

孤島に暮らす夫婦が二人して水桶で水を運び、島の高台にある耕作地に水をやる。それが物語のすべて。俳優は二人だけ。製作費わずか350万円の映画『裸の島』（1960年）は、このようにして誕生した。それがモスクワ国際映画祭でグランプリを受賞し、新藤氏の代表作となるのだから、明日という日は測りがたいものである。

予想される前途がたとえ飛びきりの悪路であれ、自分に正直に生きる道を人生の分岐点で選んできた人の言葉は重い。掲出の文章につづけて、新藤氏は言う。〈人の一生は一度しかないのだから、燃えることのできるところで、燃えつきるまで燃えなければいけない〉。

64

エリートの矜持

ジリ貧を避けてドカ貧になったらどうするか。

米内光政《よないみつまさ》

半藤一利『昭和史』
（平凡社）

日米開戦の直前、昭和天皇は総理大臣経験者すべてを集めて「重臣会議」をひらき、意見を聞いた。開戦に反対意見を述べたひとりが米内光政（1880〜1948）で、そのときの発言と伝えられる。

戦争という大きなテーマではなくとも、エイヤァと後戻りのできない重大な一歩を踏み出すか、それともここはじっと耐えて様子を見るか、判断を迫られる場面は日常生活のなかにも多々ある。

威勢のいい〝一歩を踏み出す〟派が持ち出す「このままではジリ貧になってしまう」という理屈の前で、〝様子を見る〟派は劣勢に陥ることもしばしばだろう。

やれ弱腰だ、やれ優柔不断だ、やれ無策だ……と、〝一歩を踏み出す〟派が言葉の武器をいくつも用意しているのに対して、〝様子を見る〟派にはこれという防具がない。米内の言葉は数少ない防具である。

鼻が詰まっているような、気道に重石が載っているような、何によらず、物事が宙ぶらりんのまま膠着《こうちゃく》しているときの息苦しさほど、耐えがたいものはあるまい。ドカ貧を覚悟で鼻詰まりを解消し、一瞬でもスカッとした気分に浸りたいのが人情である。その誘惑をしりぞけ、物事が決まらない気持ち悪さに耐えられる人を「エリート」と呼ぶ。

65

投げるタオルのない役者人生

ボクサーはいいよなァ、
タオルを投げてくれる人がいるからね。
役者は自分でタオルを投げなきゃならないから。

渥美 清

永 六輔『永六輔のメディア交遊録』
（朝日文庫）

歌舞伎を観たことのある人なら「花道」は知っている。舞台から客席を横切って延びる役者の通り道である。花道の外側、劇場の壁とのあいだに挟まった何列かの客席を、芝居の世界では「ドブ」という。あまりきれいでない響きをはばかって、このごろは「花外《はなそと》」と呼んだりもするらしい。晴れがましい花道を行く人も、ひとつ歩みを踏み外せば、ドブに落ちる……。引き際というもののむずかしさを暗示しているような呼び名である。

もう限界だ、これ以上つづけてもドブに落ちて醜態をさらすだけだ、という引き際の潮時を、いかにして知るか。介添え役（セコンド）がタオルを投げて教えてくれるボクサーと違い、俳優は自分自身で判断しなければならない。映画『男はつらいよ』シリーズ計48作に主演した渥美清さん（１９２８～１９９６）にとっては、わが身にわが手でいつかは投げるタオルを握りしめながら、銀幕のリングに上がりつづけた26年間であったろう。

〝寅さん〟の新作を求めてやまないファンを思い、渥美さんはみずからのリングにタオルを投げ入れることをしなかった。小林信彦氏の『おかしな男　渥美清』（新潮社）に、シリーズ最終作『寅次郎紅の花』撮影時の渥美さんに触れたくだりがある。

ロケで泊まった宿の女将《おかみ》が差し出す色紙に、渥美さんはペンを持とうとしなかった。癌《がん》に冒されて、体力と気力はそれほどまでに消尽《しょうじん》していたという。

7章

歩きつづける足を止めるな

66

ひとの話よりも自分の目を信じよ

来て見れば　聞くより低し　富士の山
釈迦も孔子も　かくやあるらん

村田清風

徳富蘇峰『吉田松陰』
（岩波文庫）

自分の目で見たことよりも、ひとから聞いた噂のほうを信じる人はどこの世界にもいる。昔からそうだったようで、古代中国・晋の著述家、葛洪《かっこう》は神仙思想の理論書『抱朴子《ほうぼくし》』に書いている。

〈耳を信じて目を疑うは、古今の患《うれ》うる所なり〉

村田清風（1783〜1855）は、目よりも耳を信じる愚かさとは無縁の人であったらしい。江戸後期の長州藩士で藩政改革に手腕を振るった。のちに長州が薩摩とともに幕末の主役に躍り出るのは、藩政改革によって養われた財政力に負うところが大きい。清風は目立たぬ縁の下に、明治維新の礎《いしずえ》を築いた功労者の一人である。

17歳で初めて江戸に旅した。掲出の歌は富士山を仰いでの感想である。高い、高いと聞いていたが、ナーンダ、噂ほどでもないではないか。偉かった、賢かったと評判のお釈迦さまや聖人孔子も、実物に会ってみればたいしたものではなかったかも知れないぞ、と。噂に惑わされ、先入観に怯えることを、歌に託してみずからに戒めたのだろう。

シンガポールのマーライオン、コペンハーゲンの人魚姫像、ブリュッセルの小便小僧などの観光名所を評して「世界三大がっかり」と呼ぶことがある。清風の気概とはいくらか趣が異なるものの、自分の目で見て評価をくだしている点では一首の心にも通じよう。

67

成功は失敗のもととなる

年齢が、頑固にするのではない。
成功が、頑固にする。
そして、成功者であるがゆえの頑固者は、
状況が変革を必要とするようになっても、
成功によって得た自信が、
別の道を選ばせることを邪魔するのである。

塩野七生

『ハンニバル戦記 ローマ人の物語Ⅱ』
（新潮社）

将棋の羽生善治さんが竜王など6つのタイトルを独占して「羽生フィーバー」が吹き荒れたころである。米長邦雄永世棋聖が、企業の社長や会長を前に経団連で講演した。「自分たちベテランはなぜ、若手の強豪に勝てないか」に話題が及んだ。米長さんも名人位を羽生さんに奪われている。

「年配棋士は得意の戦型が忘れられない。それを用いて勝った記憶が忘れられない。もうその戦型は通用しなくなっているのに……」。苦い経験を踏まえて米長さんはそう語った。

会場が水を打ったようにシーンとしたのは、産業史のなかにも実例があることを、聴衆の企業経営者たちが知っていたからだろう。

自動車のブレーキは、円盤を両側から挟みつけるディスク・ブレーキが主流だが、高速時の利きにすぐれたこのブレーキの導入は、自動車産業の聖地・米国がもっとも遅かった。旧式で圧勝した過去の記憶にとらわれ、新式への切り替えをためらったというのが定説になっている。

掲出の文章は、塩野七生さん（1937〜）が共和制ローマの政治家にして将軍、ファビウス・マクシムスに言及した一節。将棋にも自動車にもあてはまる。

得意の戦型をものにした、と思ったとき、人は衰亡の入り口に立っているらしい。

68

チヤホヤが役者を殺す

役者殺すにゃ刃物はいらぬ
ものの三度も褒めりゃよい

菊田一夫

『流れる水のごとく』
（オリオン出版社）

先に紹介した『英和笑辞典』（郡司利男編、研究社出版）から、さらに一語を引く。

【flattery】（お世辞）香水同様、かぐべく、のむべからず。

ちらりと嗅ぐだけにとどめておくべきお世辞を、ごくごく飲んでしまう人がいる。スポーツの分野といわず、芸術の世界といわず、チヤホヤされて精進を怠り、将来を嘱望されながら大成せずに消えていった逸材は、枚挙に遑《いとま》がない。

掲出の言葉は、ラジオドラマ『鐘の鳴る丘』『君の名は』や舞台『放浪記』の劇作家、菊田一夫氏（1908～1973）が自叙伝に書き留めた都々逸。菊田氏は書いている。

〈恐ろしいのは無条件にほめられ、チエをつけられて頭でっかちになった人間が、頭の重みに耐えかねて、足を踏みすべらせることである。寄ってたかってほめて落とすのは他人だが、立ち上がるのは自分一人である〉

俳優の小沢昭一さんが編んだ「役者いろはかるた」にも、次のような一句があった。

【ほ】ほめられないうちが華

69

自惚れには足音がない

自惚《うぬぼ》れというのは足音がしない。

十二代目市川團十郎

関 容子『海老蔵そして團十郎』
（文藝春秋）

毛利氏の外交僧として織田、豊臣両氏との調停に尽力した安国寺恵瓊《えけい》が、騎虎の勢いにあった織田信長を評した書簡は知られている。

高ころ（転）びに、あを（仰）のけにころ（転）ばれ候ずると見え……

「いつか足をすくわれて、仰向けに転倒するだろう」と。明智光秀の謀反により、信長が本能寺で「高転びに転ぶ」のは、それから約10年後のことである。向かうところ敵なし、わが世の春を謳歌する人には古びることのない教訓だろう。

慢心を戒めた掲出の言葉を歌舞伎の十二代目市川團十郎さん（1946～2013）が語ったのは、長男の市川新之助さん（現・十一代目海老蔵）が、NHKの大河ドラマ『武蔵』に主演して茶の間の人気を博していたころである。

〈かねがね新之助に言っているのは、自惚れというのは足音がしないんだ、ということ。お前、自惚れてるよ、と人に言われてハッと思えるかどうかが勝負でしょう。自惚れれば向上心がなくなりますから。二十四か五でその状態になったらえらいことです〉

親の意見と冷や酒は、すぐには効かず、あとからじわじわ効いてくる。

70

名人は未完成のまま

諸君、小さな完成品になってはいけませんよ。
高等学校の教育は大きな未完成品を作るための
教育なんです。

橋本文夫

阿川弘之『エレガントな象』
（文藝春秋）

パリのナイトクラブ「リド」は、豪華な演出と規模で欧州一の呼び声が高い。そこの支配人ルイ・ゲラン氏が語ったという言葉を、永六輔さんが自著に書き留めている。

〈われわれの仕事は簡単です。何か不可能なことを捜して、それをやるのです〉（『役者 その世界』岩波現代文庫）

舞踊であれ、寸劇であれ、不可能なことを捜し、それに挑戦しているとき、店としての仕事はいまだ「未完成」である。やがて、稽古と工夫によって客の鑑賞に堪える芸が可能になる。では「完成」したかといえば、そのときにはもう別な不可能なことに挑戦していて、店はいつまでたっても「未完成」のままである。さあ完成した、これでいい、もう満足だ……そう思った瞬間に成長は止まる。支配人の言葉を意訳すれば、そういうことになろう。

掲出の橋本文夫氏は、旧制広島高等学校のドイツ語教授。阿川弘之氏（１９２０〜）ら学生たちに、「小さな完成品」となることを折に触れて戒めたという。

名人上手といわれる人ほど、技芸の完成に満足せず、世間がびっくりするような冒険をやってのけることは、どの分野でもしばしば見かけるところである。

俳聖芭蕉の語録に、〈名人はあやふき所に遊ぶ〉とある。名人とは、永遠に完成しないことを我が身に誓った冒険者の別名かも知れない。

71

品性のいやしさを許すな

藤本さんという人の、
いちばんいいと思ったことは、
品行がわるくても仕方がないが、
品性がいやしいのは許せないという判定を、
誰に対しても持っていたことである。

戸板康二

『あの人この人 昭和人物誌』
（文春文庫）

〈粗にして野だが卑ではない〉とは第5代国鉄総裁、石田礼助氏の言葉である。総裁に就任して初めて国会に出たとき、自己紹介で語った。のちに作家の城山三郎氏が、石田氏の生涯を描いた評伝の表題にそのまま用いている。

「粗」はこまやかでないこと、「野」は単細胞で洗練されていないこと、「卑」は心いやしいことを指す。「粗」と「野」は品行の問題、「卑」は品性の問題だろう。

掲出の文章は、劇評家の戸板康二氏（1915〜1993）が藤本真澄氏について語った一節。藤本氏は、東宝の副社長や東宝映画の初代社長も務めた看板プロデューサーで、『社長シリーズ』や『若大将シリーズ』などによって日本映画の黄金期を支えた一人である。

どういう品行の悪さを藤本氏が許し、どういう品性のいやしさを許さなかったか、戸板氏の文章に具体的な記述はない。サラリーマンの社会では、おおむね酒癖や女癖の悪いのは品行に分類され、いじめや嫌がらせ、責任逃れのたぐいは品性に分類されている。映画界の場合も似たようなものであったと想像して、当たらずとも遠からずだろう。

昔を顧みると、懐かしく思い出されるのは若気の至りで演じた「粗」と「野」の記憶ばかりである。歳月を重ねても、「卑」は思い出にならない。

72

極めすぎては毒になる

仁過ぐれば弱くなる
義過ぐれば固くなる
礼過ぐれば諂《へつらい》となる
智過ぐれば嘘をつく
信過ぐれば損をす

伊達政宗

「壁書」

森 銑三『偉人暦 上巻』
（中公文庫）

インドールという物質がある。糞臭によく似たひどいにおいがする。そのインドールをアルコールで100万分の1に薄めると、クチナシの花の香りになるという。最後っ屁で知られるスカンクの臭気を構成するスカトールという物質も薄めることで芳香に変わり、インドールともども香水の原料になっている。

以上は鈴木正彦氏の『花・ふしぎ発見』（講談社ブルーバックス）からの受け売りだが、世のなかは濃ければ濃いほどよい、というものばかりでもないらしい。

同様のことを、人の性分について語ったのが伊達政宗（1567〜1636）である。思いやりが深すぎれば柔弱になり、筋を通す心が強すぎれば融通が利かず、礼節が行きすぎればおべっか使いとなり、知恵が回りすぎては人を騙《だま》し、人を信じすぎては馬鹿をみる。なにごとも、ほどほどに……という教えである。

教わってほどほどにできれば誰しも苦労はないが、戦乱の世を胆力と才覚で泳ぎ切った独眼竜のようにはうまく運ばないのが普通だろう。

遊侠の親分になる資質を語った古い格言に、〈利口で成れず、馬鹿で成れず、半端者ではなお成れず〉というのがある。「ほどほど」のつもりが、いつのまにか最悪の「中途半端」になっているところが英傑ならぬ身の悲しさである。

73

あなたに恩人は何人いるか

生きているということは
誰かに借りをつくること
生きてゆくということは
その借りを返してゆくこと

永 六輔

色紙より

映画の祭典、アカデミー賞の授賞式では、受賞者が喜びのスピーチをする。川本三郎氏の『アカデミー賞 オスカーをめぐるエピソード』（中公文庫）によれば、授賞式史上もっとも長いスピーチをして不評を買ったのは、女優のグリア・ガーソンだという。『ミニヴァー夫人』（1942年）で主演女優賞を手にした。自分の誕生に立ち会った医者にまで「感謝します」と述べたそうだから、スピーチが1時間ほどに及んだのもうなずける。

聞かされるほうはいい迷惑だが、気持ちはわからないでもない。分娩に深刻な不手際があったならば晴れの舞台に立つ日は来なかっただろう。

彼女に限ったことではあるまい。自分がいま生きてある身の恩人を遠い過去にさかのぼって数えていけば、誰しも1時間や2時間では足りないはずである。直接はもちろんのこと間接も含めれば、世話になったのは顔や名前を知っている人ばかりではない。永六輔さん（1933〜）が「誰かに」と書いているように、知らず知らずに恩顧をこうむった人もいる。

何年か前、新潟県の中魚沼郡中里村（いまは合併して十日町市）を仕事で訪ねた。掲出の言葉を記した色紙は、たまたま立ち寄った公民館のロビーに飾られていた。永さんが以前に村を訪問したときに筆をとったものらしい。

人は誰でも、恩と情けの多重債務者である。

74

なぜひとは嫉妬するのか

【嫉妬心】
きわめて乏しい能力向きに調節した競争心。

アンブローズ・ビアス

西川正身編訳『新編 悪魔の辞典』
（岩波文庫）

西洋では、嫉妬心は緑色をしているらしい。

英語の【green - eyed】には、「緑色の目をした」のほかに「嫉妬深い」という意味がある。そういえば、シンデレラの絵本に描かれている意地悪なお姉さんも、一人は頬が怒りで赤く燃え、もう一人は頬が嫉妬で緑色に染まっていたのを憶えている。

米国の紙幣は裏面が緑色をしており、【green - back】は紙幣の別称である。収入や財産をめぐって嫉妬心が生まれやすいことを、紙幣の緑色は暗示しているのかどうか。

他人のものはよく見える、ということのたとえを、日本では「隣の芝生は青い」と表現するが、これももとは英語の格言を翻訳したものという。芝生の色も厳密にいえば緑だから、ねたむ心はやはり、その色に縁が深いようである。金銭であれ、住居であれ、果ては「みどりの黒髪」に至るまで、浮世に嫉妬の種は尽きない。

シェイクスピアの『オセロー』で、策略家イアーゴーの女房エミリアが言う。〈理由があって嫉妬するわけではありません。嫉妬するから嫉妬するだけのこと。あれは、みずからを父母として生まれてくる怪物なのです〉（第三幕）

嫉妬するものは概して能力が乏しい。皮肉屋アンブローズ・ビアス（1842～1913）一流の定義は、心の内で暴走しかねない怪物をとめるブレーキになるだろう。

75

自分の背中は何を語る？

どんなに賢くっても、
にんげん自分の背中を見ることは
できないんだからね。

山本周五郎

『さぶ』
（新潮文庫）

歌人の与謝野晶子は合わせ鏡を使わなかった。「自分の後ろ姿を見るのが、なんだか怖いような気がしましてね」。そう語っていたと、詩人の薄田泣菫《すすきだきゅうきん》が随筆集『象牙の塔』に書き留めている。〈自分のものなのに、他人ばかりが目にし、自分では見ることのできないものは？〉その答えは「背中」であり、見るのが怖い心理もちょっとわかるような気がする。

〝経営の神様〟故・松下幸之助氏は、成功する人が身につけていなければならないものを３つ挙げたことがある。「可愛げ」「運が強そうなこと」そして「後ろ姿」であったと、大阪大学総長の鷲田清一氏（現・大谷大学教授）が以前、読売新聞の文化欄に書いていた。背中というのはどうやら、生きていくうえで大事な何かであるらしい。

表具職人の栄二は男前で頭が切れ、仕事の腕もいいが、言動にやや難がある。掲出のセリフは、酸いも甘いもかみ分けた年配者の与平が栄二を諭して語る言葉。滋味に富む人生訓を小説に数々ちりばめた山本周五郎（１９０３〜１９６７）の、これもその一つである。

与平は続けていう。〈能のある一人の人間が、その能を生かすためには、能のない幾十人という人間が、眼に見えない力をかしているんだよ、ここをよく考えておくれ、栄さん〉。

おのれ一人を高しとし、周囲を低く見る。晶子が目にするのを怖がったものとは、自分があるいは気づかずいる傲慢さであったかも知れない。

8章

「幸せ」との出会い方

76

正直こそ幸せへの道

一日だけ仕合せでいたいと思ったら、
床屋に行くがいい。
一週間だけ幸福でいたいと思ったら、
結婚するがいい。
一カ月だけ幸福でいたいと思ったら、
新しい馬を買え。
一年だけ幸福に暮したいと思ったら、
新しい家を建てろ。
一生涯、仕合せでいたいと思ったら、
正直な人間であること。

イギリス俚諺《ことわざ》

堀 秀彦『ことばの手帖』
（池田書店）

「馬を買え」は現代ならば「クルマを買え」とでもなろうか。

究極の幸せに導く「正直な人間であること」にはもちろん、他人に対して正直であることも含まれているだろうが、主眼はそれよりも、自分自身に対して正直であることに置かれているように思われる。

たとえば別段なりたくもない医者に、親が望むからなり、格別やりたくもないゴルフを、上司の顔色をうかがって趣味にし……と、自分を偽って〝借り着〟の人生を過ごしている人は少なくあるまい。

株式の仲買人をしていた日曜画家ポール・ゴーギャンは、ある日、心の命ずるままに証券会社を辞めた。絵筆一本に身を託し、好きな芸術の道に進む。やがて南太平洋の島タヒチに渡った彼の生涯は、サマセット・モームの小説『月と六ペンス』でご存じの方も多かろう。「月」は理想を、「六ペンス」は現実を、それぞれ象徴しているという。ゴーギャンは六ペンスを捨てて月を追った人である。貧困と病苦のなかで世を去った画家は、自分自身に対して正直に生きたことを悔いはしなかったに違いない。

掲出の教えには噛みしめるほどに味がある。それにしても、「結婚」が人を幸せにしてくれる賞味期限の短いことよ。

77

冷や飯の喜び

君は知つてゐるか
全力で働いて頭の疲れたあとで飯を食ふ喜びを
赤ん坊が乳を呑む時、
涙ぐむやうに冷たい飯を頬張ると、
余りのうまさに自ら笑ひが頬を崩し
目に涙が浮ぶのを知つてゐるか

千家元麿
「飯」（抜粋）

鹿島 茂『あの頃、あの詩を』
（文春新書）

省に配分された予算を使い切らないと、次の年度で削られてしまう。それは困る。大蔵省（現・財務省）の局長が一計を案じ、部下の一人に「臨時景気調査」を命じた。といっても調査は名目で、実態は予算を消化するための「全国うまいもの食べ歩きツアー」にほかならない。金を使え。使って、使って、食べまくれ。〈松阪牛、神戸牛、近江牛、米沢牛、何でも結構。ベルトが切れたら何本でも買いかえなさい。それもツケに入れて請求してくれたらいい〉

開高健氏の小説『新しい天体』（光文社文庫）である。

創作とはいえ、うらやましいような話だが、食欲というのは不思議なものである。小説に出てくるブランド牛のステーキよりも、千家元麿（1888〜1948）が詩にうたった「冷たい飯」のほうがおいしそうに感じられるのはなぜだろう。

おそらくは味噌汁に香の物ぐらいしか添えてないだろう冷えご飯が、山海の珍味も遠く及ばないご馳走になる。労働にまさる調味料なし、ということかも知れない。

小説の臨時景気調査官は、グルメツアーをつづけるなかで心身がボロボロになっていく。北海道から鹿児島まで珍味佳肴《かこう》を食べ尽くした彼の最後に狂おしく求めたものが、山に湧き出る清水であったのは象徴的である。

78

不可能を可能にする方法

宙返り　何度もできる　無重力
手をとり合えば　不可能はない

向井千秋、ビル・クリントン

「読売新聞」
（1999年1月19日）

向井千秋さん（1952～）は米国のスペースシャトル「ディスカバリー」で2度目の宇宙飛行をしたとき、シャトル内で短歌を詠んだ。一首まるごとではなく、上の句のみ「宙返り　何度もできる　無重力」と詠んで、つづく下の句を地上の人々に募った。

のちに来日したビル・クリントン大統領（1946～）は自作の下の句を携えてきた。「手をとり合えば　不可能はない」はその和訳である。

漆黒の闇に浮かぶ地球は宇宙から眺めると、いまにも壊れてしまいそうな青い受精卵のようであるという。小さな星で運命をともにする者同士がツノ突き合わせ、いがみ合うことの愚かさを、宇宙飛行士と政治家の合作による短歌は教えている。

向井さんが募った下の句は宇宙開発事業団（現・宇宙航空研究開発機構）の手でまとめられ、『宇宙短歌百人一首』（ヤマハミュージックメディア）として刊行された。そのなかから二首をひく。

しだれ桜は　どう咲くのやら　宮本恵子（46歳、滋賀県）

涙は頬を　伝わりますか　堀田木綿子（66歳、群馬県）

79

負けの込んだ人生のあとで

人間の一生というのは、
だいたい八勝七敗か七勝八敗である。
年をとるにしたがって、
勝率五割に近づいていく。

嵐山光三郎

「ケンカに強くてえらくなれるのなら、日本の総理大臣はジャイアント馬場がなる」

『日本の名随筆〈喧嘩〉』
（作品社）

江戸の人々はふんどしに銭を包み、道端にわざと落として厄落としをした。ささやかな厄災を自身で用意し、さあこれで不運は出尽くした、これからはもう良いことずくめだぞ、と安堵《あんど》する。井原西鶴が『日本永代蔵』で語っているところでは、大枚430両を奮発した大名もいたという。

豊臣秀吉が目に入れても痛くないほど溺愛した嫡男・秀頼は、幼名を「拾丸《ひろいまる》」と称した。秀吉が生まれてまもない愛児をいったん往来に捨てさせ、すぐに拾い上げた儀式にちなんでの命名である。

生まれて早々に捨てられる。いわばフィクションとしての悲劇だが、その悲劇を経験させることで不運を出し尽くし、前途の幸福を祈願する。これも厄落としの儀式であったろう。良いことばかりがつづくと、あとが怖い。適当に不運のちりばめられた前半生には、幸運の用意された後半生が待っている……昔の人はそう信じていたようである。

独自の人間観察から導き出されただろう嵐山光三郎氏（1942〜）の「人生勝率五割」説を読んでいると、古人が習わしにしてきた厄落としをあながち迷信として退けることもできない。

負けの込んだ人生は、あとに楽しみがある。

80

幸せは味わえない

佐和子「お父さんは幸せなの」
英三「……そんなこと判《わか》らないさ」
佐和子「どうして判らないの」
英三「そりゃァ……胃袋に、おいしいかと聞くようなもんだ」

早坂 暁
『さよならインバネス』

日本放送作家組合編『テレビドラマ代表作選集 1977 年版』
（白石書店）

『夢千代日記』『七人の刑事』などの代表作をもつ早坂暁氏（1929〜）は昭和のテレビドラマ黄金期を支えた脚本家の一人である。

かつて大学教師の職と妻子を捨てて女のもとに走った父・英三（三國連太郎）を、成長した娘・佐和子（仁科明子）が訪ねる。女の下着を洗ったり、干したり、英三はわびしいアパート暮らしをしている。そこで交わされる父と娘の会話。

胃袋に味覚はない。味覚は舌にある。幸福を味わう舌を、神様は人間に授けてくださらなかったらしい。時の古今、洋の東西を問わず、「幸福とは何か」という問いに人間が頭を悩ませ続けてきたのは、舌なき身の宿命に違いない。

胃袋に感知できるのは、味ではなく、腹持ちの良し悪しである。「富」であったり、「権力」であったり、ずっしりと腹持ちのいい食べものを美味しい食べものと錯覚することは、しばしばである。

アレキサンダー大王から「何でも望みを叶えてつかわそう」と言われ、日なたぼっこをしていたディオゲネスが「そこをどいてくださらんか。日陰になる」と答えた話が伝わっている。

風変わりな哲学者は、幸福を味わう舌をもつ稀有《けう》の人であったかも知れない。

81

夢が持つ罠

モモ、ひとつだけきみに言っておくけどね、
人生でいちばん危険なことは、
かなえられるはずのない夢が、
かなえられてしまうことなんだよ。

ミヒャエル・エンデ

大島かおり訳『モモ』
（岩波書店）

ドイツの児童文学者ミヒャエル・エンデ（1929～1995）の代表作『モモ』は、人々から時間を盗む怪しい秘密結社にホームレスの少女モモが立ち向かうファンタジーである。掲出のセリフは、年長の友人ジジがモモに語る言葉。

数年前、世紀のスーパースターであったマイケル・ジャクソンが50歳で急逝したと聞いて、このセリフが胸をよぎった。

若くして富と名声を極め尽くしたその人の後半生が、数々の奇行と、絶えることなき醜聞と、孤独の影をまとっていたことを思うとき、ジジの言う「人生でいちばん危険なこと」を成し遂げてしまった人の哀しみに触れた気がする。

中国明代の随筆集、洪自誠の『菜根譚』は説いている。

花は半開を看《み》、酒は微酔に飲む。此《こ》の中に大いに佳趣《かしゅ》あり。

何ごとも極め尽くす半歩手前でとどめておくのが賢明なようである。旅に出たときも、その土地の名所旧跡を残らず訪ねることはあるまい。一つか二つ見逃して、「またいつか、ここに来たときに……」と、他日を期すのも楽しいものである。

82

現代人が喪った傾聴力

合唱の美しい響きをつくりだすには、
他人のうたを聴かなければならない。
そして、他人はまた自分の声に耳を傾けている
のだということを知らなければならない。

武満 徹

抜粋

『時間の園丁』
（新潮社）

何かあった子の口笛の淋しい日　西宮市・大西俊和

（『時実新子のだから川柳』東海教育研究所）

木と紙の伝統的な日本家屋では物音がよく聞こえた。家族の誰が浮かれているか、誰が傷ついているか、口笛の音色ひとつ、食器の触れ合う音ひとつで手に取るようにわかった昔がある。いまでは、そうもいかない。一緒に暮らす家族でさえわかり合うのが容易でないとすれば、他人の心の奥底が見えないのも道理である。

メールの中の（笑）／あんたは本当に笑ってる？／俺は本当に笑ったことがない。

福井県・西原世弥（高校三年）

（『日本一短い手紙　喜怒哀楽』中央経済社）

他人の声に耳をすますことも、自分の声を相手の耳に届けることも、ともにむずかしい時代である。現代音楽の分野で世界的にも名の知られた作曲家、武満徹氏（1930〜1996）の語る合唱論は、現代人が喪《うしな》いつつある大切なものを教えている。

83

考えすぎる危険性

稽古して　走る風なし　稽古して
咲く花あらぬ　うれへず生きむ

伊藤一彦

『続・伊藤一彦歌集』
（砂子屋書房）

ノルウェーの高校教師ヨースタイン・ゴルデルが書いた『ソフィーの世界』（池田香代子訳、日本放送出版協会）に、ムカデとカエルの寓話が語られている。

ムカデは千本の足を巧みに操り、見事なダンスを踊る。森の動物たちから喝采《かっさい》を浴びるムカデを妬《ねた》み、カエルが手紙を書いた。

「ぜひ教えていただきたいのです。あなたはどのようにしてダンスをなさるのですか？　まず二百二十八番目の左足を上げ、それから五十九番目の右足を上げるのですか。それとも最初のステップは二十六番目の右足で……」

それまでは何も考えず、身体の動くにまかせて踊っていたムカデは手紙を読んで考え込み、二度とダンスができなくなったという。考えることが良い結果を生むとは限らない。伊藤一彦氏（1943～）の一首にも通じるだろう。

文芸評論家の小林秀雄が酒席で顔を合わせたプロ野球・国鉄スワローズの豊田泰光選手（現・評論家）に訊いた。「スランプのときはどうするのか」。昭和30年代のことである。

小林の随筆集『考えるヒント』（文春文庫）によれば、豊田選手の答えは簡明であったという。

「よく食って、よく眠って、ただ待っているのです」

ときに稽古のことは忘れ、心のおもむくまま、身体の動くままに生きてみるのもいい。

84

睡眠こそ最高の娯楽

眠りへ
エスカレーターを降りてゆく
たのしい地下室
おれだけの部屋

杉山平一
「眠り」

『杉山平一詩集』
（土曜美術社）

旧ソ連の反体制作家ソルジェニーツィン氏の『収容所群島』（木村浩訳、ブッキング）に、政治犯を収容して取り調べる監獄の実態を語ったくだりがある。

〈不眠は拷問《ごうもん》のきわめて有力な手段であり、目に見える跡を残さない〉

尋問は夜を徹して行われ、尋問のない昼間は獄舎内で横になることも、座って目を閉じることも禁じられた。取調官の休む土日を除き、1週間のうち5昼夜は眠ることが許されなかったという。

睡眠の愉悦を説くのに収容所から筆を起こしたのは、いささか大仰に過ぎたかも知れない。意識が遠ざかり、眠りに落ちていく刹那《せつな》の甘やかな感触は、誰もが経験で知っている。

エレベーターほど急速ではなく、階段を下りるギクシャクした感じもなく、杉山平一氏（1914〜2012）のいみじくも言う「エスカレーターを降りてゆく」恍惚感であろう。毎日できて、金もかからず、健康にもいい。睡眠ほどありがたい娯楽は、ほかにあるまい。

〈朝寝坊　昼寝もすれば　宵寝する　ときどき起きて　居眠りもする〉

古い戯《ざ》れ歌だが、これは眠りすぎだろう。どの楽しみにも言えることで、むさぼりすぎては快感が薄れる。起きて、歩いて、働いてこその「たのしい地下室」である。

読者諸氏は、またどこかのページで杉山氏の詩に出会うはずである。

85

哲学者の幸せ

「哲学」はこの世で出世した輩《やから》は、
皆馬鹿だという事を教えてくれる学問である。

薄田泣菫《すすきだきゅうきん》

『茶話』
（岩波文庫）

「世界三大悪妻」と呼ばれる女性たちがいる。ソクラテス、モーツァルト、トルストイの妻ということになっている。なかでもソクラテスの妻クサンチッペは筆頭格だが、作家の半藤一利氏は『漱石俳句探偵帖』（角川選書）で彼女に同情を寄せている。彫刻職人の夫が商売をそっちのけにして街角で哲学を談じ、一銭の稼ぎもない日が続けば〈ヒステリーをおこしたって、これは当然である〉と。

夫が毒杯をあおぐとき、クサンチッペは「無実の罪で死ぬなんて！」と嘆いたそうだから、世間の評判ほど悪妻ではなかったかもしれない。対するソクラテスの「なに？　お前は私が有罪で死ぬほうがいいのかね」という言葉を聞けば、変人は明らかに夫のほうだろう。

ソクラテスに限らず、哲学者はおおむね変人ぞろいである。

日課が几帳面で、毎日午後3時半きっかりに散歩に出かけるので、彼が家を出るのを見て近所の人々は時計の針を調節したというカントしかり。飼っているプードルに「世界精神」（アトマ）という名前をつけ、その犬に腹を立てたときは「人間」と呼んだという人間嫌いのショーペンハウアーも、またしかり。

彼らが地位や名声に一顧の価値を置いたはずもなく、薄田泣菫（1877〜1945）の説く一種乱暴な哲学論も、あながち的はずれと退けるわけにはいかない。

86

幸福は偶然の産物か

幸福はコークスのようなものだ。
何か別の物を作っている過程で
偶然得られる副産物なのだ。

オールダス・ハクスリー

晴山陽一『すごい言葉』
（文春新書）

幸福は不幸を準備する。幸福にはいつも不吉な予感がつきまとう。かぐや姫が『神田川』で、〈♪ 若かったあの頃／何も恐《こわ》くなかった／ただ貴方《あなた》のやさしさが恐かった〉（詞・喜多條忠、曲・南こうせつ）と歌った心理もそれであったろう。

逆にまた、不幸は幸福を準備する。故・臼井儀人氏の漫画『クレヨンしんちゃん』の主人公、5歳の幼稚園児・野原しんのすけ君の座右《ざゆう》の銘《めい》は〈平熱〉であるという。平熱であることの幸福を知っているのは、高熱という不幸を経験した子供だけである。

幸福は不幸への通過点であり、不幸は幸福への近道である——というわけのわからない迷路が、幸福談議の行き着く先には待っている。

迷路をさまような。幸福を追い求めるのは、やめておけ。『すばらしい新世界』などで知られる英国の作家、オールダス・ハクスリー（1894〜1963）が小説『恋愛対位法』で述べた言葉の真意はそういうことだろう。

原油を精製する過程で副産物としてコークス燃料が生まれるように、幸福のことなど忘れて仕事に没頭し、趣味に打ち込み、あるいは子育てにてんてこまいしてごらん。いつのまにか副産物としての幸福が掌のなかにあるかも知れないよ、と。

9章　生まれた意味の答え

87

明日を知るには今日を生きよう

あのとき
飛び降りようと思ったビルの屋上に
今日は夕陽を見に上がる。

萩尾珠美(長野県・四十歳・事務職員)

丸岡町文化振興事業団編『日本一短い手紙　大切ないのち』
(中央経済社)

テレビ時代劇の『水戸黄門』が2011年の第43部をもって放送終了になった。黄門役は初代の東野英治郎から西村晃、佐野浅夫、石坂浩二、里見浩太郎と5代を数え、42年間にわたって親しまれた長寿番組である。

助さん、格さんがひと暴れしたあと、時計の針が午後8時44分を指すころに印籠が登場し、悪漢どもは退治される。ひとの人生には、ドラマのような決まりきった筋書きはない。であればこそ、茶の間のファンは十年一日のマンネリズムに心やすらぐ場所を見つけ、旅をするご老公の一行に変わらぬ拍手を送りつづけてきたのだろう。

運命が明日、その人にどんな祝福を用意しているかは誰にもわからない。悩みや苦しみに耐えてきたことのご褒美が何であるのかは、明日をむかえた人だけが知ることになる。

あのとき飛び降りようとしたビルの屋上に、今日は夕陽を見に上がる人がいるように、あのとき飛び込もうとした電車に揺られて、今日はデートの待ち合わせ場所に向かう人もいるだろう。もしも、あのとき飛び降りていれば、もしも飛び込んでいれば、その日は永遠に来なかったはずである。

人生（life）のなかには、テレビドラマにはない「もしも……」（if）がある。

88

病気は人を成長させる

病気の時ほど、人は寡欲《かよく》になることはない。

萩原朔太郎
「病床生活からの一発見」

『日本の名随筆〈病〉』
（作品社）

「電力の鬼」と異名を取った実業家、松永安左ヱ門は語ったという。〈投獄、大病、倒産の三つを経験したことのない経営者はたいしたことがない〉

投獄と倒産はともかくとして、大病はそのとおりかも知れない。

詩人の萩原朔太郎（1886〜1942）が言うように、病床に横たわる人はただ一心に健康の回復を望み、ほかの欲はどこかに消えてしまう。ともすれば金銭欲と名誉欲に凝り固まりがちな経営者が、人生の一時期に無欲もしくは寡欲の時間を過ごすことはたしかに、その人物をひと回り大きくするのに役立つだろう。

山手線の電車にはねられて重傷を負い、一命をとりとめた志賀直哉は『城の崎にて』に書いている。〈自分は死ぬ筈《はず》だったのを助かった。何かが自分を殺さなかった…〉。大病が人物を育てるメカニズムには、この「生かされている」感覚から生じるところの使命感が作用しているようである。

誰しも息災でいたいのが人情だろう。人物を大きくするために癌を患《わずら》いたいと願う人はいないし、自分を磨くために好んで電車にはねられる人もいない。人は皆、しかし、明日をも知れぬ身である。不運にして病床に臥《ふ》したときは、ベッドを「大人物保育器」に見立ててみる。寝込んでもタダでは起きないしぶとさを、ひとつの覚悟として忘れまい。

89

肝心なことは目に見えない

私のような素人は、桜が満開の時、その咲いている花から色をとれば簡単に桜色がとれると考えてしまうのですが、実は全然そうではない。桜の花をいくらトラックに何杯分も集めてきてグツグツ煮てみても、色は全然とれません。薄ぼんやりした灰色がとれるだけです。

（中略）

これも志村さんに昔教えられてびっくりしたことですが、桜の色は桜の木の真っ黒なごつごつした皮からとる。

大岡 信

『名句　歌ごよみ〈恋〉』
（角川文庫）

王貞治氏の一本足打法を想像していただきたい。宙に浮かせた右足は、バットがボールをとらえる瞬間に着地する。着地したときの歩幅（右足の小指から左足の小指までの距離）は常に87センチだという。何百回、何千回振ろうと、寸分も狂うことはなかった。

87センチは畳の横幅分に等しい。畳の上で素振りを繰り返し、歩幅の目盛りを身体に刻み込んだ結果である。どれほどの数を振ればそうなるのか、素人には見当もつかない。

詩人の大岡信氏（1931〜）が、染織家の志村ふくみ氏から教わったという桜の話にも一脈、通じるものがあるだろう。球場の夜空に架かるホームランのアーチが美しい「花びら」ならば、深夜黙々と素振りをする畳の上は「真っ黒なごつごつした皮」にあたる。皮あってこその花びらである。

野球に限らず、すぐれた人物からはその技をぜひとも盗み取りたいものだが、拍手喝采に包まれた花びらの色を盗もうとしても、たいていは徒労に終わる。人目につかない場所にある皮を探し当てて、孤独な鍛錬を盗む以外にはないらしい。

サン＝テグジュペリの『星の王子さま』で、キツネが王子さまに告げた言葉を思い出す。

「肝心なことは目では見えないんだよ」

90

命あってこその成功

お命の持ち帰りこそ、功名の種にございます。

仲間由紀恵

「ズームアップ」
（2006年1月7日、朝日新聞）

女優の仲間由紀恵さん（1979〜）は2006年のNHK大河ドラマ『功名が辻』で山内一豊の妻、千代を演じた。インタビューで「好きなセリフ」を聞かれて答えた言葉。

世に名言と呼ばれるものは数々あるが、命にかかわる名言はまた重みが違う。

「冒険とは、生きて還ることである」

これは、エベレストで遭難死した写真家の遺著に、冒険家の植村直己氏が寄せた追悼文の一節（出久根達郎『百貌百言』文春新書）。植村氏その人も、冬のマッキンリー単独登頂に成功した後、生きて還らなかった。

「帰ればまた来られる。帰ろう」

こちらは、艦艇5隻によるキスカ島撤収を指揮した水雷戦隊司令官、木村昌福少将の言葉（田中恒夫他『戦場の名言』草思社）。身を隠すはずの海霧がなく、作戦を延期した。勤め人の世界でも、こう言ってくれる上司を戴いた部下は幸せである。

91

『北の国から』五郎の遺言

金なんか望むな。幸せだけを見ろ。
ここには何もないが自然だけはある。
自然はお前らを死なない程度には充分
毎年喰わしてくれる。
自然から頂戴しろ。
そして謙虚に、つつましく生きろ。
それが父さんの、お前らへの遺言だ。

倉本 聰

『北の国から 2002 遺言』

『定本 北の国から』
（理論社）

「富良野塾」が2010年4月、26年の歴史に幕をおろして閉塾した。脚本家と俳優を育てるために倉本聰氏が北海道富良野市に開いた養成所である。

塾には「原始の日」があったという。その日は電気もガスも使えない。焚き火のパーティーでは塾生の班ごとに生きた鶏をあてがい、調理させた。

「自分でシメるんですか！」。塾生たちは当初、恐慌をきたしたらしい。

塾生が浴びた倉本氏の怒声を、氏のエッセイより。「シメる。シメて血抜きをし、毛をむしり、ケツから手を入れて内臓を取り出す。残酷だなんて逃げるな。その作業を、いつも誰かがやってくれていたんだ。食うだけ食っといて、残酷だなんて言うな。罪の意識にさいなまれたら祈れ。こういう時のために神様はいるんだ」（『左岸より』理論社）。

脚本家や俳優を養成する以前に、人間を養成する塾であったろう。

掲出のセリフは、テレビドラマ『北の国から　2002遺言』で主人公・五郎（田中邦衛）がふたりの子供、純（吉岡秀隆）と蛍（中嶋朋子）に遺言として語った言葉。

現代人の誰もが、思い立てば五郎一家のように暮らせるわけでもないし、皆が「原始の日」に戻れるわけではないが、倉本語録を1本のトゲとして胸に刺しておくのもいい。日常の折節にトゲのうずく瞬間があるとすれば、それもまた心の財産である。

92

寝顔が心を落ち着ける

人の寝顔を見ると、いろいろな意味で自分を
賢くすることができるものだ。

薄田泣菫

『艸木虫魚』
（岩波文庫）

夜はマッチを手もとに置いておくべし。詩人の薄田泣菫は随筆のなかで、その理由をいくつか挙げている。凍った入れ歯を溶かすことができる。寝起きの煙草に火をつけられる。〈それよりもいいのは、近くに眠っている人の寝顔を、それと知られないでこっそり見ることができることだ〉。以下、掲出の一文がつづく。

ひとの寝顔を見ることが精神に落ち着きをもたらす。その効用を説いた人はほかにもいる。

人心はしづかとなりぬいのち濃きねむりのさまを見下ろせる時

（小池光『滴滴集』短歌研究社）

眠っていれば、たとえそれが敵であろうとやさしく見守ることができる。

（グレアム・グリーン、加賀山卓朗訳『ヒューマン・ファクター』早川書房）

なぜだろう。女性はもちろんのこと男性にもおそらくは微量ながら備わっている「母性」を、無防備な寝顔がくすぐるのか。それとも、母の胎内で眠っていた自分の遠い記憶が刺激されるのか。よくわからない。理屈はわからずに、効く薬もある。

93

生きる楽しさは一寸したこと

そうですか、でも死ぬことはないですよ、
生きてりゃ、ホンノ一寸《ちょっと》したこと、
たとえば小便することだって楽しいですよ。

岡本喜八

『肉弾』

シナリオ作家協会編『年鑑代表シナリオ集 66』
(ダヴィッド社)

書物の名前に恐れをなしてついつい敬遠しがちだが、『日本古典文学大系』（岩波書店）には、文学の門外漢が読んでも面白い作品が少なくない。第89巻には「野雪隠《のせっちん》に至りて」という江戸期の漢詩が収められている。作者は滅方海《めっぽうかい》という人である。雪隠は便所のことだから、「野雪隠」は野っ原に置かれた簡易トイレあたりを想像して読めばいい。

低《た》れんと欲して　雪隠に臨みたれば／雪隠の中には　人　有りけり／咳拂《せきばら》いすれども
尚《なお》　未《いま》だ　出《い》でざれば／幾度か　吾《われ》は　身振《みぶるい》したる

用をたしたあと、この人がどれほど晴れ晴れとした快感に浸ったか、清掃中で使えない駅のトイレなどで「身振したる」経験者ならばお見通しだろう。

岡本喜八氏（1924〜2005）の映画シナリオより。終戦間近の日本。インテリ学生にして一兵卒の青年が、自殺志願の中年女性を慰めて語る言葉である。

命の尊さを説き、人生の素晴らしさを話して聞かせるのが、自殺志願者を思いとどまらせる常道だが、多くは内容空疎な美辞麗句と受け取られ、功を奏さないこともしばしばである。生理的快感に訴えた掲出のセリフには、生々しい、不思議な説得力がある。

94

青春の特権

青春という字を書いて横線の多いことのみなぜか気になる

俵 万智

『サラダ記念日』
（河出書房新社）

走り高跳びで「背面跳び」を考案したのは、米国のディック・フォズベリーである。1968年のメキシコ五輪で背面跳びを採用した選手は、彼のほかには一人もいなかった。異端児フォズベリーの金メダルを境にして、当時主流の跳び方であった「ベリーロール」は退潮の一途をたどっていく。国際大会でベリーロールを目にすることは、いまではもうほとんどない。

新しいステージは異端者の手によってもたらされる。何の分野によらず、技術革新と呼ばれるものの多くは、異端が正統を凌駕《りょうが》してきた歴史であろう。

年配者から見れば、若い世代は常に腹立たしい異端者である。自分たちが磨き上げてきた従来のやり方を否定する小癪《こしゃく》な存在でしかない。あれをするな、これをしてはならぬ……かくして正統の座を守るべく、若者の前には禁止事項のバーが用意されることになる。俵万智さん（1962〜）が「青春」という文字のなかに見つけた横線は象徴的である。

進入禁止のバーは、その先に未開の大地があることを告げる道しるべと言えなくもない。跳び越えなくてはならない横線が目の前にあることは、辛《つら》いようでいて、じつは幸せなことでもあろう。思えば、「辛」も「幸」も横線一本の違いである。

95

小石だって役に立つ

どんなものでも、何かの役に立つんだ。
たとえば、この小石だって役に立っている。
空の星だって、そうだ。
君もそうなんだ。

映画『道』

和田 誠『お楽しみはこれからだ』
（文藝春秋）

綱渡り芸人の男が、やはり旅芸人のヒロインに語る言葉。映画『道』は〝映像の魔術師〟と呼ばれたフェデリコ・フェリーニ（1920〜1993）の代表作である。

吉野弘氏に「生命は」と題する詩がある。命あるものは自分自身だけでは完結できず、誰かの力を借りて生きていると、詩人は言う。花も雌しべと雄しべが揃っているだけでは不十分で、虫や風の仲立ちによって新たな命を結ぶ。詩は以下のようにつづく。

私も　あるとき／誰かのための虻《あぶ》だったろう／あなたも　あるとき／私のための風だったかもしれない

（吉野弘『贈るうた』花神社）

歩いていて、道の小石につまずく。ちょっと痛い。しゃがんで爪先を撫でる数秒をそこで費やしたことによって、何が起きるかは誰にも予測できない。次の交差点で暴走してくるトラックに数秒間のおかげで轢《ひ》かれずにすむかも知れないし、数秒間のおかげで懐かしい友人に出くわすこともあるだろう。小石もたしかに何かの役に立っている。

そう考えると、世の中に「赤の他人」はいないようである。

96

芸術家が作品に生命を宿すとき

人間の手を直《じか》に型にとつた石膏《せっこう》で造り上げたものを見た。

しかし、どういふわけかそれは少しも生きた感じを与へなかつた。

却《かえ》つて芸術家の眼で見た人間の手の印象を元として造つたものゝ方がより多く私達に生きた手を感じさせるのである。

相馬御風

『実物と模型』

『日本の名随筆〈藝〉』
（作品社）

国語の作文は自由に書かせるのが今では当たり前だが、明治・大正の昔は名文を模倣させて文章力を鍛えた。梅の季節に「梅見」で作文を書かせたところ、10歳の子供が「一瓢《いっぴょう》を携えて梅林に遊ぶ」と書いた話が伝わっている。瓢箪の中身は当然ながら酒だから、これは少々具合が悪い。型が身につき、古典に親しむきっかけにもなり、国語教育の入り口として意味があることは否定しないが、模倣には概して血が通わないものである。

詩人にして評論家の相馬御風（1883～1950）は、童謡『春よこい』や早稲田大学の校歌『都の西北』の作詞者としても知られている。彼の言う石膏の手も、血の通わない模倣の一例だろう。顔の片面に両眼が並ぶピカソの人物画もそういえば、現実をすこしも模倣していないにもかかわらず、現実以上に生々しい存在である。

思えば「見る」という動作ほど不思議なものはない。同じ構造をした目という器官で同じ事物を見ているのに、映るものは百人百様である。ものを見る。その見たものに生命が宿るも宿らぬも、見る人の目玉しだい、眼光しだいであるらしい。

「こら、われのその顔に二つピカピカーと光ってるのは何じゃ、エーッ、目ェかい？　それ、目ェかい？　わい、また眉毛が落ちんように留めてある鋲《びょう》かと思たやないかい」（落語『住吉駕籠《かご》』）と罵《ののし》られるようなボンヤリした目では望みが薄い。

97

なぜ私は太宰を嫌ったか

太宰のもっていた性格的欠陥は、
少なくともその半分が、
冷水摩擦や器械体操や規則的な生活で
治される筈《はず》だった。
生活で解決すべきことに
芸術を煩わしてはならないのだ。
いささか逆接を弄《ろう》すると、
治りたがらない病人などには
本当の病人の資格がない。

三島由紀夫

『小説家の休暇』
（新潮文庫）

引用部分の前後にも、以下のようなくだりがある。

〈私が太宰治の文学に抱いている嫌悪は、一種猛烈なものだ。第一私はこの人の顔がきらいだ。第二にこの人の田舎者のハイカラ趣味がきらいだ〉〈私の感じるのは、強大な世俗的徳目に対してすぐ受難の表情をうかべてみせたこの男の狡猾さである〉〈自分で自分の肌に傷をつけて、訴えて出る人間のようなところがあった〉

人間としての弱さを売り物に仕立てる太宰文学を、三島由紀夫（1925〜1970）は蛇蝎《だかつ》のごとく嫌っていたらしい。その弱さこそが太宰ファンにとっては余人にない魅力であろうし、文学の門外漢としては、弁護人席にも検察官席にも座りにくいところがある。

文学談議はひとまずおくとして、「冷水摩擦」と「器械体操」である。心と身体がどこかでつながっていることは、ジョギングなり、ジムでの自転車漕ぎなりを通して、多くの人が日々実感しているところだろう。

島崎藤村は、ある作品の傍題に書いている。〈心を起そうと思わば先ず身を起せ〉（『海へ』）

心に根をおろした悩みごとの雑草を、身体を動かすことで根絶やしにすることはできないにしても、草むしりを始めようとする元気の素にはなる。

10章

自分が自分であるために

98

夢中になった日々が才能を伸ばす

思《おも》て通えば五尺の雪も
えらい霜じやと　言《ゆ》て通ふ

和歌山民謡

北原白秋編『日本伝承童謡集成　子守唄篇』
（国民図書刊行会）

あなたを恋い慕って通う道だもの、一メートルを超す積雪も苦にならないわ。「まあ、たいへんな霜だわね」てなものよ。

恋愛に限ったことではない。山形県の東田川郡黄金村、いまの鶴岡市に生まれた作家の藤沢周平氏は子供のころ、本が読みたい一心で、酒田市にある図書館まで往復四十キロの道のりを自転車で通ったという。おそらくは舗装もされていない、尻の痛くなるデコボコ道だったはずである。

藤沢氏は後年、弟からその話を聞かされて「ああ、そんなこともあったか」と当時を思い出したそうで、自分では重労働をした記憶はなかったという。〈思て通えば……〉の実例だろう。

『怒りの葡萄』や『エデンの東』の作家、ジョン・スタインベックは語っている。

「天才とは、蝶を追っていつのまにか山頂に登っている少年である」

惚れた対象が人であれ、本であれ、スポーツであれ、そのほかの何であったとしても、一心不乱に無我夢中で歩く人は、誰もが天才の芽をその身に宿している。

人はときに勘違いをして、雪道を歩く技術を学ぼうとする。まずは惚れるのが先だろう。惚れて、惚れて、惚れ抜けば、技術はあとからついてくる。

99

今いる場所に思いを巡らせて

はだかにて　うまれきたのに　なにふそく

作者不詳

豊田泰光「チェンジアップ」
(2005年1月13日、日本経済新聞)

居酒屋に毎日、老人が通ってくる。飲むだけ飲むと、酒代を置かずに帰る。居酒屋のかみさんは、一度として勘定を請求したことがない。ある日、老人は帰りしな、「長いこと世話になったお礼に」と薬をふた粒、井戸に投げ入れて去った。すると翌日から、井戸には酒が湧き出るようになり、その味が絶品と評判になる。店は富み栄えた。

歳月が流れ、例の老人が居酒屋にひょっこり現れた。老人はたずねた。「商売は繁盛しているかの？」。かみさんは、「井戸から湧く酒なので酒粕ができなくて不自由しています」と不満を述べた。老人が嘆息して井戸に近づくと、ふた粒の薬がひとりでに躍り出た。老人はそれを袋に納めて去った。井戸は、ただの井戸に戻った。

中国に伝わる奇譚という。森銑三氏が随筆集『落葉籠』（中公文庫）に書き留めている。最初は頬ペタをつねってみたくなるほどの幸福と感じられた出来事も、それが当たり前になってくると、不満が頭をもたげてくる。人間というのは、どうしようもないものである。

野球評論家の豊田泰光氏（1935〜）はその句をどこかの銭湯の壁で見かけたという。豊田氏のエッセイは、実力もないのにメジャーリーグへ行きたがる風潮に苦言を呈したもので、掲出の一句につづけて以下のような文章がある。

〈今いる場所、与えられた地位の幸せに、まず思いを巡らすことだ〉

100

待つものは必ず来る

トンネルは必ず抜けるものだ
待つものは必ずくるのだ
来たのかもしれない
郵便箱にポトリと音がする

杉山平一
「三月」（抜粋）

『杉山平一詩集』
（土曜美術社）

悲観論者をたとえて、「雨降れば下駄屋の息子を思い、日が照れば傘屋に嫁いだ娘を思う」などと言い表すことがある。

親というのは例外なしに心配性だから、どうしてもそうなるのだが、言葉を入れ替えてみるとどうだろう。「日が照れば下駄屋の息子を思い、雨降れば傘屋に嫁いだ娘を思う」。状況そのものは何ひとつ変わっていないのに、ふしぎと心が弾んでくる。楽観の効用である。

いまはどこの大学でも合否の発表にインターネットが使われているので、郵便箱の音を待ちかねる人はいないだろうが、春の受験シーズンがめぐってくるたびに、杉山平一氏の詩を思い出す。

雨上がりの青空をあおぎ見るような〈待つものは必ずくるのだ〉の楽観主義は、受験と縁が切れて久しい世代をも勇気づけずにはおかない。

〈どうも現代詩といふのは、詩を書いてる自分にも解りにくい〉と日記に書いたのは詩人の草野心平である。独りよがりの比喩が並ぶ現代詩に閉口した経験は、誰にもあるだろう。そのなかで詩壇の最長老である杉山氏の作品群は、みずみずしく、かつ平易な表現で市井に生きる人の哀歓をうたっている。

101

旅をする人間と到着する人間

リンカーン・ライムは、
世間の人間を二種類に分類していた。
旅をする人間と、到着する人間だ。
目的地よりも、旅そのものを楽しむ人々がいる。

ジェフリー・ディーヴァー

池田真紀子訳『エンプティー・チェア』
(文春文庫)

米国の推理作家ジェフリー・ディーヴァーは、「このミステリーがすごい!」をはじめとする年間傑作ランキングの常連で、日本でも高い人気を誇っている。事件が一件落着したように見えても、最後の最後まで気が抜けないドンデン返しの職人芸で知られるが、隠れた警句の名手でもある。

頸椎《けいつい》を損傷して、顔面と指先のほかは自由が利かず、車いすで捜査にあたる犯罪学者リンカーン・ライムを主人公にしたシリーズより。

「要領のいい人は速足の旅人に似ている」と語ったのは、物理学者で随筆家の寺田寅彦である。人よりも先に目的地に到着できる代わりに、道ばたの肝心なものを見落とすのだ、と。2点間の最短距離を歩き、目的地だけを見据えて脇目もふらない。ライム流の分類で言うところの「到着する人間」も、そういう人を指す。

「到着する人間」の側にはその人なりに、早く到着すればそれだけ長く目的地で遊べるじゃないかという理屈も成り立つわけで、スローライフの風潮に乗じて「旅する人間」ばかりを推奨するつもりはない。

それでも、ふと自分の歩いている速度を顧みる人には、いままで目を留めてこなかった道ばたの可憐な花に気づく瞬間もあるだろう。

102

失恋に「ありがとう」を言う日

今までに、私をフッてくれた人たち、ありがとう。
おかげでこの息子《こ》に会えました。

木次洋子（愛知県・三十三歳・主婦）

丸岡町文化振興事業団編『日本一短い手紙　大切ないのち』
（中央経済社）

塞翁《さいおう》の飼っている馬が、異郷に逃げてしまった。人々は同情したが、翁は嘆かなかった。数ヵ月後、その馬は駿馬《しゅんめ》を連れて帰ってきた。人々は祝福したが、翁はそこに凶事を予見した。はたして息子が落馬し、足が不自由になった。人々は悲しんだが、翁はそこに幸運を予見した。やがて村の若者たちは戦争に駆り出されて死に、翁の息子は不自由な足ゆえに徴兵をまぬかれて生き延びた。

中国の古典『淮南子《えなんじ》』に見える故事は〈人間万事塞翁が馬〉のことわざとして知られている。〈あまのじゃくだと塞翁が女房言ひ〉と江戸川柳に詠まれているように、女房ならずとも周囲の目にはへそ曲がりのアマノジャクと映ったことだろう。

とはいえ、吉凶も禍福もつまるところ神のみぞ知る。予測しがたいのは、ことわざの教える通りである。

福井県丸岡町（いまは合併して坂井市）の主催する「日本一短い手紙」のコンクールは、この20年余りにわたって数々の名作を世に送ってきた。掲出の一編もその一つ。

死んでしまいたいほどに泣き暮れた失恋に、いつか感謝する日もくる。人生に数限りなく用意されている曲がり角の、その向こうにどんな景色が広がっているかは、とにかく曲がってみないことにはわからない。絶望とは常に愚者の結論なのだろう。

103

悪口にはユーモアを

一ぺんその頭を、バーンと胴体へにえこまして、
へその穴から世間のぞかしたろか、おい。
頭と足と持ってこう、
糞《くそ》結び（むちゃくちゃな結び方）に結ぶぞ。
それとも口から尻までピューッと青竹通して、
裏表こんがり火にあぶったろか、おい。
まごまごさらしてけつかったら、踏み殺すでッ。

落語『住吉駕籠《かご》』

『上方落語 桂米朝コレクション4 商売繁盛』
（ちくま文庫）

夏目漱石の『坊っちゃん』に、〈顔のなかをお祭りでも通りゃしまいし〉という言い回しが出てくる。おれの顔がそんなに珍しいか、祭りの御輿《みこし》や山車《だし》が通っているのかい……という意味である。

作家の半藤一利氏によれば、おのれの顔をしげしげと見つめる他人様に文句をつけるとき、昔の下町っ子はそう言ったという。言ったほうも言われたほうも、「ガンをつけやがったな、この野郎」よりはずっと楽しいだろう。

悪態とは不思議なものである。そもそもは怒りから発しているのだが、刺激の強い辛辣な表現で相手をやりこめてやろうと言葉をあれこれ探しているうちに、なぜか怒りが冷めてくる。

〈ハイカラ野郎の、ペテン師の、イカサマ師の、猫被《ねこかぶ》りの、香具師《やし》の、モモンガーの、岡っ引きの、わんわん鳴けば犬も同然な奴〉（『坊っちゃん』）

〈やい侍、なぜ突き当たった。鼻の穴へ屋形船ェ蹴込むぞ〉（歌舞伎『助六《すけろく》』）

悪態に修辞技巧を凝らしてみるのも、なにかと腹の立つことが多い世の中を渡っていく先人の知恵である。

104

運命を受け入れる美しさ

暮しは分が大事です
気楽が何より薬です
そねむ心は自分より
以外のものは傷つけぬ

堀口大學
「座右銘」

大岡 信編『ことばの流星群』
（集英社）

バラク・オバマ氏が米国の大統領選挙に勝利したとき、日本の新聞各紙に「米国初の黒人大統領」という見出しが躍った。

本人が望めば、その呼び名をもらっていたかも知れない、もう一人の人物がいる。軍人の最高位、統合参謀本部議長を務めたコリン・パウエル氏である。

人格と識見に世評は高かったが、パウエル氏は不出馬を表明し、ホワイトハウスに通じる道を選ばなかった。

パウエル氏の自伝には、ジャマイカ系移民の子としてニューヨークのハーレムに生まれたその人が、人種差別に対して生涯の信条としてきた言葉が綴《つづ》られている。

〈競技場の片隅でしかプレーできないというのなら、そこでスターになるのだ〉（『コリン・パウエル自伝　マイ・アメリカン・ジャーニー』角川書店）

運命と闘う人の美しさがあるように、運命を受け入れ、そのなかで持てる力を尽くす人の美しさもあるだろう。どちらを選ぶかはその人しだいで、どちらか片方が正しく、もう片方が間違っていると決めつけられるものでもない。

運命を受け入れる生き方を選んだ人には、堀口大學（1892〜1981）の詩が一服の精神安定剤となるはずである。

105

「にもかかわらず」笑えるか

ドイツで一番有名なユーモアの定義は、「ユーモアとは『にもかかわらず』笑うことである」と言います。

「自分は今苦しんでいます。しかし、それ『にもかかわらず』、相手に対する思いやりとして笑顔を示します」という意味です。

アルフォンス・デーケン

『よく生きよく笑いよき死と出会う』
（新潮社）

週刊誌を読んでいてその歌に出会ったのは、もう30年ほど前である。中学生から狂歌を募集し、優秀作品を紹介する企画であったと記憶している。

雑誌名も覚えていないし、正確な時期も定かでない。メモに書き留めたわけでもなく、切り抜いてスクラップ帳に貼ったわけでもないのだが、なかの一首だけは脳裏に刻まれて、いまも愛誦《あいしょう》している。

家庭とは　母やさしくて父つよく　それでいいのだ　うちは違うが

我が身を素材にして笑わせてくれるのであるが、いわゆる自虐とは違う。自虐の笑いが聞く側にある種のアクを後味として残すのに対し、この歌が残すものは治りかけのオデキに触れたような、痛がゆい快感のみである。

ドイツ生まれのイエズス会司祭にして哲学者、上智大学の名誉教授でもあるアルフォンス・デーケン氏（1932〜）が述べるところの「にもかかわらず」笑ってみせた一例だろう。

自分の羽根を抜いて美しい織物をこしらえた鶴のように、自分の悲しみや苦しみを笑いに織り込んで楽しい雰囲気をつくりだしてくれる人が、あなたの周囲にもいるはずである。

106

初心の大切さを忘れない

ボウフラが
人を刺すよな蚊になるまでは
泥水飲み飲み　浮き沈み

都々逸（作者不詳）

森繁久彌、久世光彦『大遺言書』
（新潮文庫）

芝居が始まったのに、その少女は客席の最前列で頭を垂れ、居眠りをしていた。『屋根の上のヴァイオリン弾き』九州公演でのことである。

おれたちの芝居を何だと思っているのか。森繁久彌さん（1913〜2009）をはじめとして俳優たちは面白くない。「起こせ、起こせ」と、少女のそばで演技をするとき、一同は床を音高く踏み鳴らしたが、ついに目を覚まさなかった。

アンコールの幕があがり、少女は初めて顔を上げた。両目が閉じられていた。居眠りと見えたのは、盲目の人が全神経を耳に集め、芝居を心眼に映そうとする姿であったと知る。心ない仕打ちを恥じ、森繁さんは舞台の上で泣いたという。

このとき、すでに森繁さんは芸能界に君臨する大御所である。その人が、たった一人の観客の目を舞台に引きつけようと躍起になる。真相を知って、悔恨の涙を流す。青臭いほどの、その精神の初々しさ、柔らかさはどうだろう。

掲出の都々逸は森繁さんが生前、好んで口ずさんだものという。功成り、名を遂げた人の多くは下積みの昔を忘れてしまい、生まれながらの成功者であるかのように振る舞いがちである。浮きつ沈みつ、泥水のなかを泳いだボウフラ時代を折に触れて思い出すことのできる人だけが、初々しく柔らかい心をいつまでも保つことができる。

107

勝つことだけが人生ではない

雨に負け　風にも負けつつ　生きてゐる
柔らかき草　ひとを坐らす

伊藤一彦
抜粋

『歌集　月の夜声』
（本阿弥書店）

日清食品を創業したインスタントラーメンの発明者、故・安藤百福《ももふく》氏は、落選した代議士が好きだった。

「選挙区に腰を落ち着けて市民の声を聞き、現職のときよりも人の心の痛みがわかっているから……」と、その理由を語ったことがある。敗者だけが身につけることのできる優しさというものがあるのだろう。

「雨ニモマケズ」の詩は宮沢賢治の死後、遺品のトランクに納められていた小さな手帳のなかから見つかった。詩歌の作品というよりは、生活信条を書き留めたものと思われる。東日本大震災のあと、テレビなどでこの詩を耳にする機会が増えた。

賢治は東北の人であり、引用して被災者を励まそうという意図はわかるのだが、マケズ、マケズ、マケズ……の合唱を聴いていると、伊藤一彦氏の歌を口ずさんでみたくなる。

雨を受けてはうなだれ、風を受けては地に伏す草。敗者とも呼べば呼べるその草が、人に憩いの場を提供してくれる。勝つことだけが人生ではないと教えているかのように。

人は孤独のさびしさに敗れることもある。伊藤氏の歌をもう一首。『百年の孤独』はノーベル賞作家、ガルシア＝マルケスの作品名であり、麦焼酎の銘柄でもある。

〈百年は　おろか十年の　孤独にも　耐へ得ぬわれか　琥珀《こはく》いろ飲む〉

108

死を前にしてのジョーク

君が共和党の支持者であるのを祈るよ。

ロナルド・レーガン

石原慎太郎『わが人生の時の人々』
（文藝春秋）

旧ソ連を相手に数々の力業を繰り出して、「強い米国」を演出した第40代大統領ロナルド・レーガン（1911〜2004）は、すぐれたジョークの使い手としても名を残している。

大統領に就任して2ヵ月後、講演を終えてワシントン市街のホテルから出たところを銃で撃たれた。これは搬送されたジョージ・ワシントン大学病院で、胸から弾丸を摘出する手術を受けるとき、執刀医にウインクをして語った言葉。

手術にあたった医療チームには、民主党の支持者が多かった。執刀医はレーガンに語ったという。「大統領、きょう一日、われわれはみんな共和党員です」と。

遭難した政治家は日本にもいる。「板垣死すとも自由は死なず」（板垣退助）、「男子の本懐だ」（浜口雄幸）、「医者を呼べ」（岸信介）……各人各様の味わいはあるものの、レーガンのような凄味《すごみ》のあるジョークは類例がない。

政治家ではないが、落語家の五代目春風亭柳朝さんが脳血栓で倒れたときの挿話がある。演芸評論家、吉川潮氏の柳朝一代記『江戸前の男』（新潮文庫）より。

半身不随で口も利けない。五十音のひらがなを書いた文字盤を弟子が用意した。文字盤を指さしての病後第一声「こ、ん、ど、は、え、ん、か、の、ば、ん、だ」（次に倒れるのは三遊亭円歌だ）。商売道具の声を失って、なお周囲を笑わせようとした。凄味の極致である。

あとがき

その自由律俳句が書かれた額を見たのは何年か前、兵庫県西宮市に朝日新聞阪神支局を訪ねたときである。ゆたかな筆勢をもって壁に掲げてあった。

明日も喋ろう　弔旗が風に鳴るように

作者は詩人の小山和郎さん（1932～2011）である。暴力に屈することなく、明日も喋り、書く……。支局に押し入った何者かの散弾銃によって二人の記者が殺傷されたあと、同僚の記者たちはこの句を誓いの言葉にして事件の取材にあたったと、支局長さんからうかがった。

東日本大震災が起きて以降、折に触れて一句が脳裏をよぎる。言論テロと震災を同列には語れないが、喋らせまい、書かせまい、とする圧力を内に蔵していることでは似ている。

言葉を扱うのを生業とする人ならば、誰しも一度は無力感に襲われたはずである。津波が押し寄せる映像を前にして、「これを言葉で伝えられるだろうか」と。両親を津波にさらわれた幼女が「ままへ。げんきですか　いきてるといいね」と手紙を書きながらコタツですやすや寝入ってしまった一枚の写真に、何か付け加える言葉があるだろうか、と。

新聞記者の世渡りをして三十余年、読売新聞で朝刊の一面コラム「編集手帳」を10年以上にわたって書いてきた私も無力感にさいなまれた一人である。

言葉のもつ力に疑問が兆しはじめた折も折、大和書房編集部の丑久保和哉さんから本書の企画を頂戴した。言葉のもつ力を読者に伝えたくて、というよりも、著者自身がその力を思い出したくてお引き受けした。あたかも記憶喪失者がゆかりの品々から記憶をたどるように、かつて私の胸を打った言葉たちとじっくり再会する機会がもてたことに感謝している。

「言葉の力を思い出したか」「弔旗が風に鳴るように、明日も筆を執れるか」と問われれば、書き終えた今もなお、確信に満ちた答えは持ち合わせていない。何度か読み返しつつ、いつか読者の皆さんとともに答えが出せたならば幸せだと思っている。

竹内　政明

本作品は二〇一一年一一月、小社より刊行された
『心のポケットに入れておきたい名言手帳』を改題しました。

竹内政明（たけうち・まさあき）

1955（昭和30）年、神奈川県横浜市生まれ。北海道大学文学部哲学科（宗教学専攻）卒業。読売新聞入社後、長野支局、東京本社経済部を経て、2001年より朝刊一面コラム「編集手帳」6代目執筆者。名文記者として知られ、数ある新聞コラムの中でも、「編集手帳」は読書家の間で当代随一と定評がある。
主な著書に『名文どろぼう』『名セリフどろぼう』『「編集手帳」の文章術』（以上、文春新書）、『竹内政明の「編集手帳」』（中公新書ラクレ）などがある。

だいわ文庫

心《こころ》にジーンと響《ひび》く108の名言《めいげん》

著者　竹内政明《たけうちまさあき》

二〇一三年一二月一五日第一刷発行

発行者　佐藤 靖
発行所　大和《だいわ》書房
東京都文京区関口一-三三-四　〒一一二-〇〇一四
電話 〇三-三二〇三-四五一一
装幀者　鈴木成一デザイン室
本文デザイン　MORNING GARDEN INC.（田中正人）
本文印刷　厚徳社
カバー印刷　山一印刷
製本　ナショナル製本

ISBN978-4-479-30461-6
乱丁本・落丁本はお取り替えいたします。
http://www.daiwashobo.co.jp